心一堂術數古籍珍本叢刊

書名：中西相人探原
系列：心一堂術數古籍珍本叢刊　相術類　第二輯　144
作者：【民國】袁樹珊
主編、責任編輯：陳劍聰
心一堂術數古籍珍本叢刊編校小組：陳劍聰　素聞　梁松盛　鄒偉才　虛白盧主

出版：心一堂有限公司
通訊地址：香港九龍旺角彌敦道六一〇號荷李活商業中心十八樓〇五－〇六室
深港讀者服務中心：中國深圳市羅湖區立新路六號羅湖商業大厦負一層〇〇八室
電話號碼：(852)67150840
網址：publish.sunyata.cc
電郵：sunyatabook@gmail.com
網店：http://book.sunyata.cc
淘寶店地址：https://shop210782774.taobao.com
微店地址：https://weidian.com/s/1212826297
臉書：https://www.facebook.com/sunyatabook
讀者論壇：http://bbs.sunyata.cc/

版次：二零一六年四月初版
平裝

　　　港幣　　二百五十元正
定價：人民幣　二百五十元正
　　　新台幣　一千一百元正

國際書號：ISBN 978-988-8317-16-5

香港發行：香港聯合書刊物流有限公司
地址：香港新界大埔汀麗路36號中華商務印刷大廈3樓
電話號碼：(852)2150-2100
傳真號碼：(852)2407-3062
電郵：info@suplogistics.com.hk

台灣發行：秀威資訊科技股份有限公司
地址：台灣台北市內湖區瑞光路七十六巷六十五號一樓
電話號碼：+886-2-2796-3638
傳真號碼：+886-2-2796-1377
網絡書店：www.bodbooks.com.tw
台灣國家書店讀者服務中心：
地址：台灣台北市中山區松江路二〇九號一樓
電話號碼：+886-2-2518-0207
傳真號碼：+886-2-2518-0778
網絡書店：http://www.govbooks.com.tw

中國大陸發行　零售：深圳心一堂文化傳播有限公司
深圳地址：深圳市羅湖區立新路六號羅湖商業大厦負一層〇〇八室
電話號碼：(86)0755-82224934

心一堂微店二維碼

心一堂淘寶店二維碼

心一堂術數古籍 珍本整理 叢刊 總序

術數定義

術數，大概可謂以「推算（推演）、預測人（個人、群體、國家等）、事、物、自然現象、時間、空間方位等規律及氣數，並或通過種種『方術』，從而達致趨吉避凶或某種特定目的」之知識體系和方法。

術數類別

我國術數的內容類別，歷代不盡相同，例如《漢書·藝文志》中載，漢代術數有六類：天文、曆譜、五行、蓍龜、雜占、形法。至清代《四庫全書》，術數類則有：數學、占候、相宅相墓、占卜、命書、相書、陰陽五行、雜技術等，其他如《後漢書·方術部》、《藝文類聚·方術部》、《太平御覽·方術部》等，對於術數的分類，皆有差異。古代多把天文、曆譜、及部分數學均歸入術數類，而民間流行亦視傳統醫學作為術數的一環；此外，有些術數與宗教中的方術亦往往難以分開。現代民間則常將各種術數歸納為五大類別：命、卜、相、醫、山，通稱「五術」。

本叢刊在《四庫全書》的分類基礎上，將術數分為九大類別：占筮、星命、相術、堪輿、選擇、三式、讖諱、理數（陰陽五行）、雜術（其他）。而未收天文、曆譜、算術、宗教方術、醫學。

術數思想與發展——從術到學，乃至合道

我國術數是由上古的占星、卜筮、形法等術發展下來的。其中卜筮之術，是歷經夏商周三代而通過「龜卜、蓍筮」得出卜（筮）辭的一種預測（吉凶成敗）術，之後歸納並結集成書，此即現傳之《易

經》。經過春秋戰國至秦漢之際，受到當時諸子百家的影響、儒家的推崇，遂有《易傳》等的出現，原本是卜筮術書的《易經》，被提升及解讀成有包涵「天地之道（理）」之學。因此，《易・繫辭傳》曰：「易與天地準，故能彌綸天地之道。」

漢代以後，易學中的陰陽學說，與五行、九宮、干支、氣運、災變、律曆、卦氣、讖緯、天人感應說等相結合，形成易學中象數系統。而其他原與《易經》本來沒有關係的術數，如占星、形法、選擇，亦漸漸以易理（象數學說）為依歸。《四庫全書・易類小序》云：「術數之興，多在秦漢以後。要其旨，不出乎陰陽五行，生尅制化。實皆《易》之支派，傅以雜說耳。」至此，術數可謂已由「術」發展成「學」。

及至宋代，術數理論與理學中的河圖洛書、太極圖、邵雍先天之學及皇極經世等學說給合，通過術數以演繹理學中「天地中有一太極，萬物中各有一太極」（《朱子語類》）的思想。術數理論不單已發展至十分成熟，而且也從其學理中衍生一些新的方法或理論，如《梅花易數》、《河洛理數》等。

在傳統上，術數功能往往不止於僅僅作為趨吉避凶的方術，及「能彌綸天地之道」的學問，亦有其「修心養性」的功能，「與道合一」（修道）的內涵。《素問・上古天真論》：「上古之人，其知道者，法於陰陽，和於術數。」數之意義，不單是外在的算數、歷數、氣數，而是與理學中同等的「道」、「理」--心性的功能，北宋理氣家邵雍對此多有發揮：「聖人之心，是亦數也」、「萬化萬事生乎心」、「心為太極」。《觀物外篇》：「先天之學，心法也。……蓋天地萬物之理，盡在其中矣，心一而不分，則能應萬物。」反過來說，宋代的術數理論，受到當時理學、佛道及宋易影響，認為心性本質上是等同天地之太極。天地萬物氣數規律，能通過內觀自心而有所感知，即是內心也已具備有術數的推演及預測、感知能力；相傳是邵雍所創之《梅花易數》，便是在這樣的背景下誕生。

《易・文言傳》已有「積善之家，必有餘慶；積不善之家，必有餘殃」之說，至漢代流行的災變說及讖緯說，我國數千年來都認為天災，異常天象（自然現象），皆與一國或一地的施政者失德有關；下至家族、個人之盛衰，也都與一族一人之德行修養有關。因此，我國術數中除了吉凶盛衰理數之外，人心的德行修養，也是趨吉避凶的一個關鍵因素。

術數與宗教、修道

在這種思想之下，我國術數不單只是附屬於巫術或宗教行為的方術，又往往是一種宗教的修煉手段--通過術數，以知陰陽，乃至合陰陽（道）。「其知道者，法於陰陽，和於術數。」例如，「奇門遁甲」術中，即分為「術奇門」與「法奇門」兩大類。「法奇門」中有大量道教中符籙、手印、存想、內煉的內容，是道教內丹外法的一種重要外法修煉體系。甚至在雷法一系的修煉上，亦大量應用了術數內容。此外，相術、堪輿術中也有修煉望氣（氣的形狀、顏色）的方法；堪輿家除了選擇陰陽宅之吉凶外，也有道教中選擇適合修道環境（法、財、侶、地中的地）的方法，以至通過堪輿術觀察天地山川陰陽之氣，亦成為領悟陰陽金丹大道的一途。

易學體系以外的術數與的少數民族的術數

我國術數中，也有不用或不全用易理作為其理論依據的，如揚雄的《太玄》、司馬光的《潛虛》。也有一些占卜法、雜術不屬於《易經》系統，不過對後世影響較少而已。

外來宗教及少數民族中也有不少雖受漢文化影響（如陰陽、五行、二十八宿等學說。）但仍自成系統的術數，如古代的西夏、突厥、吐魯番等占卜及星占術，藏族中有多種藏傳佛教占卜術、苯教占卜術、擇吉術、推命術、相術等；北方少數民族有薩滿教占卜術；不少少數民族如水族、白族、布朗族、佤族、彝族、苗族等，皆有占雞（卦）草卜、雞蛋卜等術，納西族的占星術、占卜術，彝族畢摩的推命術、占卜術……等等，都是屬於《易經》體系以外的術數。相對上，外國傳入的術數以及其理論，對我國術數影響更大。

曆法、推步術與外來術數的影響

我國的術數與曆法的關係非常緊密。早期的術數中，很多是利用星宿或星宿組合的位置（如某星在某州或某宮某度）付予某種吉凶意義，并據之以推演，例如歲星（木星）、月將（某月太陽所躔之宮次）等。不過，由於不同的古代曆法推步的誤差及歲差的問題，若干年後，其術數所用之星辰的位置，已與真實星辰的位置不一樣了；此如歲星（木星），早期的曆法及術數以十二年為一周期（以應地支），與木星真實周期十一點八六年，每幾十年便錯一宮。後來術家又設一「太歲」的假想星體來解決，是歲星運行的相反，週期亦剛好是十二年。而術數中的神煞，很多即是根據太歲的位置而定。又如六壬術中的「月將」，原是立春節氣後太陽躔娵訾之次而稱作「登明亥將」，至宋代，因歲差的關係，要到雨水節氣後太陽才躔娵訾之次，當時沈括提出了修正，但明清時六壬術中「月將」仍然沿用宋代沈括修正的起法沒有再修正。

由於以真實星象周期的推步術是非常繁複，而且古代星象推步術本身亦有不少誤差，大多數術數除依曆書保留了太陽（節氣）、太陰（月相）的簡單宮次計算外，漸漸形成根據干支、日月等的各自起例，以起出其他具有不同含義的眾多假想星象及神煞系統。唐宋以後，我國絕大部分術數都主要沿用這一系統，也出現了不少完全脫離真實星象的術數，如《子平術》、《紫微斗數》、《鐵版神數》等。後來就連一些利用真實星辰位置的術數，如《七政四餘術》及選擇法中的《天星選擇》，也已與假想星象及神煞混合而使用了。

隨着古代外國曆（推步）、術數的傳入，如唐代傳入的印度曆法及術數，元代傳入的回回曆等，其中我國占星術便吸收了印度占星術中羅睺星、計都星等而形成四餘星，又通過阿拉伯占星術而吸收了其中來自希臘、巴比倫占星術的黃道十二宮、四大（四元素）學說（地、水、火、風），並與我國傳統的二十八宿、五行說、神煞系統並存而形成《七政四餘術》。此外，一些術數中的北斗星名，不用我國傳統的星名：天樞、天璇、天璣、天權、玉衡、開陽、搖光，而是使用來自印度梵文所譯的：貪狼、巨門、祿存、文曲，廉貞、武曲、破軍等，此明顯是受到唐代從印度傳入的曆法及占星術所影響。如星命術中的《紫微斗數》及堪輿術中的《撼龍經》等文獻中，其星皆用印度譯名。及至清初《時憲曆》，置閏之法則改用西法「定氣」。清代以後的術數，又作過不少的調整。

此外，我國相術中的面相術、手相術，唐宋之際受印度相術影響頗大，至民國初年，又通過翻譯歐西、日本的相術書籍而大量吸收歐西相術的內容，形成了現代我國坊間流行的新式相術。

陰陽學——術數在古代、官方管理及外國的影響

術數在古代社會中一直扮演着一個非常重要的角色，影響層面不單只是某一階層、某一職業、某一年齡的人，而是上自帝王，下至普通百姓，從出生到死亡，不論是生活上的小事如洗髮、出行等，大事如建房、入伙、出兵等，從個人、家族以至國家，從天文、氣象、地理到人事、軍事，從民俗、學術到宗教，都離不開術數的應用。我國最晚在唐代開始，已把以上術數之學，稱作陰陽（學），行術數者稱陰陽人。（敦煌文書、斯四三二七唐《師師漫語話》：「以下說陰陽人謾語話」，此說法後來傳入日本，今日本人稱行術數者為「陰陽師」）。一直到了清末，欽天監中負責陰陽術數的官員中，以及民間術數之士，仍名陰陽生。

古代政府的中欽天監（司天監），除了負責天文、曆法、輿地之外，亦精通其他如星占、選擇、堪輿等術數，除在皇室人員及朝庭中應用外，也定期頒行日書、修定術數，使民間對於天文、日曆用事吉凶及使用其他術數時，有所依從。

我國古代政府對官方及民間陰陽學及陰陽官員，從其內容、人員的選拔、培訓、認證、考核、律法監管等，都有制度。至明清兩代，其制度更為完善、嚴格。

宋代官學之中，課程中已有陰陽學及其考試的內容。（宋徽宗崇寧三年〔一一零四年〕崇寧算學令：「諸學生習……並曆算、三式、天文書。」「諸試……三式即射覆及預占三日陰陽風雨。天文即預

定一月或一季分野災祥，並以依經備草合問為通。」

金代司天臺，從民間「草澤人」（即民間習術數人士）考試選拔：「其試之制，以《宣明曆》試推步，及《婚書》、《地理新書》試合婚、安葬，並《易》筮法，六壬課、三命、五星之術。」（《金史》卷五十一・志第三十二・選舉一）

元代為進一步加強官方陰陽學對民間的影響、管理、控制及培育，除沿襲宋代、金代在司天監掌管陰陽學及中央的官學陰陽學課程之外，更在地方上增設陰陽學課程（《元史・選舉志一》：「世祖至元二十八年夏六月始置諸路陰陽學。」）地方上也設陰陽學教授員，培育及管轄地方陰陽人。（《元史・選舉志一》：「（元仁宗）延祐初，令陰陽人依儒醫例，於路、府、州設教授員，凡陰陽人皆管轄之，而上屬於太史焉。」）自此，民間的陰陽術士（陰陽人），被納入官方的管轄之下。

至明清兩代，陰陽學制度更為完善。中央欽天監掌管陰陽學，明代地方縣設陰陽學正術，各州設陰陽學典術，各縣設陰陽學訓術。陰陽人從地方陰陽學肆業或被選拔出來後，再送到欽天監考試。（《大明會典》卷二二三：「凡天下府州縣舉到陰陽人堪任正術等官者，俱從吏部送（欽天監），考中，送回選用；不中者發回原籍為民，原保官吏治罪。」）清代大致沿用明制，凡陰陽術數之流，悉歸中央欽天監及地方陰陽官員管理、培訓、認證。至今尚有「紹興府陰陽印」、「東光縣陰陽學記」等明代銅印，及某某縣某某之清代陰陽執照等傳世。

清代欽天監漏刻科對官員要求甚為嚴格。《大清會典》「國子監」規定：「凡算學之教，設肄業生。滿洲十有二人，蒙古、漢軍各六人，於各旗官學內考取。漢十有二人，於舉人、貢監生童內考取。附學生二十四人，由欽天監選送。教以天文演算法諸書，五年學業有成，舉人引見以欽天監博士用，貢監生童以天文生補用。」學生在官學肄業、貢監生肄業或考得舉人後，經過了五年對天文、算法、陰陽學的學習，其中精通陰陽術數者，會送往漏刻科。而在欽天監供職的官員，《大清會典則例》「欽天監」規定：「本監官生三年考核一次，術業精通者，保題升用。不及者，停其升轉，再加學習。如能黽勉供職，即予開復。仍不及者，降職一等，再令學習三年，能習熟者，准予開復，仍不能者，黜退。」除定期考核以定其升用降職外，《大清律例》中對陰陽術士不準確的推斷（妄言禍福）是要治罪的。《大清律例・一七八・術七・妄言禍福》：「凡陰陽術士，不許於大小文武官員之家妄言禍福，違者杖一百。其依經推算星命卜課，不在禁限。」大小文武官員延請的陰陽術士，自然是以欽天監漏刻科官員或地方陰陽官員為主。

官方陰陽學制度也影響鄰國如朝鮮、日本、越南等地，一直到了民國時期，鄰國仍然沿用着我國的多種術數。而我國的漢族術數，在古代甚至影響遍及西夏、突厥、吐蕃、阿拉伯、印度、東南亞諸國。

術數研究

術數在我國古代社會雖然影響深遠，「是傳統中國理念中的一門科學，從傳統的陰陽、五行、九宮、八卦、河圖、洛書等觀念作大自然的研究。……傳統中國的天文學、數學、煉丹術等，要到上世紀中葉始受世界學者肯定。可是，術數還未受到應得的注意。術數在傳統中國科技史、思想史，文化史、社會史，甚至軍事史都有一定的影響。……更進一步了解術數，我們將更能了解中國歷史的全貌。」（何丙郁《術數、天文與醫學中國科技史的新視野》，香港城市大學中國文化中心。）

可是術數至今一直不受正統學界所重視，加上術家藏秘自珍，又揚言天機不可洩漏，「（術數）乃吾國科學與哲學融貫而成一種學說，數千年來傳衍嬗變，或隱或現，全賴一二有心人為之繼續維繫，賴以不絕，其中確有學術上研究之價值，非徒癡人說夢，荒誕不經之謂也。其所以至今不能在科學中成立一種地位者，實有數因。蓋古代士大夫階級目醫卜星相為九流之學，多恥道之；而發明諸大師又故為惝恍迷離之辭，以待後人探索；間有一二賢者有所發明，亦秘莫如深，既恐洩天地之秘，復恐譏為旁門左道，始終不肯公開研究，成立一有系統說明之書籍，貽之後世。故居今日而欲研究此種學術，實一極困難之事。」（民國徐樂吾《子平真詮評註》，方重審序）

現存的術數古籍，除極少數是唐、宋、元的版本外，絕大多數是明、清兩代的版本。其內容也主要是明、清兩代流行的術數，唐宋或以前的術數及其書籍，大部分均已失傳，只能從史料記載、出土文獻、敦煌遺書中稍窺一鱗半爪。

術數版本

坊間術數古籍版本，大多是晚清書坊之翻刻本及民國書賈之重排本，其中豕亥魚魯，或任意增刪，往往文意全非，以至不能卒讀。現今不論是術數愛好者，還是民俗、史學、社會、文化、版本等學術研究者，要想得一常見術數書籍的善本、原版，已經非常困難，更遑論如稿本、鈔本、孤本等珍稀版本。在文獻不足及缺乏善本的情況下，要想對術數的源流、理法、及其影響，作全面深入的研究，幾不可能。

有見及此，本叢刊編校小組經多年努力及多方協助，在海內外搜羅了二十世紀六十年代以前漢文為主的術數類善本、珍本、鈔本、孤本、稿本、批校本等數百種，精選出其中最佳版本，分別輯入兩個系列：

一、心一堂術數古籍珍本叢刊

二、心一堂術數古籍整理叢刊

前者以最新數碼（數位）技術清理、修復珍本原本的版面，更正明顯的錯訛，部分善本更以原色彩色精印，務求更勝原本。并以每百多種珍本、一百二十冊為一輯，分輯出版，以饗讀者。

後者延請、稿約有關專家、學者，以善本、珍本等作底本，參以其他版本，古籍進行審定、校勘、注釋，務求打造一最善版本，方便現代人閱讀、理解、研究等之用。

限於編校小組的水平，版本選擇及考證、文字修正、提要內容等方面，恐有疏漏及舛誤之處，懇請方家不吝指正。

心一堂術數古籍 珍本 整理 叢刊編校小組

二零零九年七月序

二零一四年九月第三次修訂

袁樹珊編著

中西相人探原

香港潤德書局發行

一　本書編次簡明、由一歲至百歲、所行部位、均皆分論、與普通相人書、連篇累牘、含糊不爽者、迥異。讀者、只須按照自己實足年齡、隨意檢閱、卽知富貴貧賤、壽夭窮通。

二　本書所載面部、一切部位、悉參『生理解剖新書』與尋常坊本、每多不同。

三　本書議論、參考各家、而以『圖書集成相術彙攷』爲主。語有根據、均可覆按。

四　本書特將四庫全書所收、金、張行簡撰、『人倫大統賦』擇要淺註。又將古籍『冰鑑』擇要淺註。既易了解、尤便尋研。

冰鑑一書、乃唐、呂嵒洞賓撰。時人謂爲清、湘鄉曾文正公、滌生、國藩、所著、殆未深考耳。

五 本書兼採『西洋相術』固爲溫故知新。然果互相比較、一爲僅觀片面。一爲詳察全體。精粗疏密、不難辨別。

六 本書殿以『相徵叢譚、』固爲擴充見聞、亦可見相人之學、與國家、社會、確有相當裨益。不獨爲知己知彼、保身保家者、所當習知也。

欲知、一生榮枯、前途明暗、及終身事業、進取方針、或爭名於朝、
或爭利於市者、不可不讀此書。
欲知、目前吉凶禍福、或宜急進、或宜緩行、或宜耐守、或宜變法、
或宜務本者、不可不讀此書。
欲知、人之忠奸賢愚、貴賤壽夭、或宜委以重任、或宜託之腹心、
或宜預爲防範、或宜立即遠離者、不可不讀此書。
至於擇夫、選妻、聘師、交友、種種一切、對於自身、有成敗、利害、關
係者、尤當熟玩此書。

魏、曹子建、植、相論云。世固有人身瘠而志立。體小而名高者。於聖則否。是以堯眉八彩。舜目重瞳。禹耳參漏。文王四乳。然則世亦有四乳者。此則駑馬一毛似驥耳。宋臣有公孫呂者。身長七尺。面長三尺。廣三寸。名震天下。若此之狀。蓋遠代而求。非一世之異也。使形狀於外。道合其中。名震天下。不亦宜乎。語云。無憂而戚。憂必及之。無慶而懽。樂必隨之。此心有先動。而神有先知。則色有先見也。故扁鵲見桓公、知其將亡。申叔見巫臣、知其竊妻而逃也。

厲序

丹徒袁樹珊先生、潤德堂叢書。其以探原名者。若命理探原。六壬探原。選吉探原。早已家弦戶誦。不脛而走矣。近歲復著有中西相人探原。取歷年部位一一考核。附以雜論。詳言氣色、聲音、掌紋、與婦幼吉凶。並將人倫大統賦、冰鑒二書、加以淺註、而以西洋相人術、手相學、及相徵叢譚殿焉。其融通中外。以適應時勢。固當爲有目者所共賞。而吾尤愛先生權衡在胸。折衷至當之微旨。其識解又高於流俗一籌焉。余性喜博覽。於相人之書。若痲衣、柳莊、鐵關刀之類。凡坊間之所售者。固嘗涉獵殆遍。近於京江中學、識一劉女士。獲覩其舊藏手抄祕本相法。愈知相人之道。蓋基於人生經驗觀察歸納而得。其本於生理之構造。心理之反應。與社會之薰陶者。莫不有理致可尋。非苟爲稱心之談。聳人聞聽而已也。且夫人相之成。固由先天父母之遺。亦頗收後天修持之效。故曰相隨心轉。此孔子所以有焉廋之歎。孟子所以有瞭眊之論也。然則雖生而部位停勻。骨肉相稱。苟不以正心爲先。亦有應富貴而反貧賤。當壽考而竟夭折者矣。荀子主性惡。事事與孟子相左。故有非相之篇。細繹其言。則貌惡而心善。不失爲君子。貌善而心惡。不失爲小人。似猶淺之乎其言相。所謂皮相之談者耳。夫彼正人君子。雖形貌拙陋。固自有一股清正之氣。瀰漫於面表。若陰險賊惡之小人。雖面如傅粉。亦必有一種邪忒之氣。籠罩於身外。一時之貴賤窮通。固不足爲終身之定評也。樹珊先生之於星卜。往往以誘人行善爲依歸。然則其著斯書也。固將勸人肅正其心。俾有乎其中而發於其外、自然入格。而克享富貴壽考而無愧也。承命弁言。爰拈此義。以與讀者共參究之。時民國三十六年八月三日。儀徵厲鼎煃星槎甫謹撰於三餘齋。

應序

形相之道。其在先天。乃無名無形。無色無相。其在後天。乃有名有形。有色有相也。無名無形無色無相。乃是先天所蘊。無形之眞體。有名有形。有色有相。乃是後天所化有形之幻像也。閱同修袁君樹珊新著相人探原一書。以後天有形之幻像而探索於先天無形之眞體。得其玄中之玄。妙中之妙。眞中之眞。幻中之幻。何其神也。從幻以求眞。眞中自有眞。從眞而藏幻。幻之則又幻已。夫所謂幻相者。卽是人生有形之假體也。眞相者。卽是人生無形之精神也。精神足。靈氣充。假體毀。靈氣散。樹珊以悟中捉有。思中覓無之心得工夫。而運用於言命言相。觀氣觀色之仁術者。自然無窔不得。無言不抉。衆妙歸根於有系統之玄窔已。所謂夫人不言。言必有中者此也。袁君隱於道。行於道。研究命相之道。非消極。乃積極。非迷信。乃正人之迷而不信者也。法海深淵。玄妙難測。淑世善民。頭頭是道。得此一書讀之。可以貫澈其形性命之原理已。世有博學之士。積累半世。而不能解決其當前之難題者。曷試觀相人探原。而窮其究竟。卽可以解決其根本之問題也。願世人各執一卷、共同探討之。浦江應鳴槃序於鎭江道院之修眞室。

自序

世人每至隆冬朔風凜冽之候、或旅行於冰天雪地之中、貧富雖異、其爲身著厚絮、或體披輕裘、以禦寒威則同。所可怪者、其顏面全部、莫不獨顯露於外。難經云、諸陽脈皆上行至頭、故令面能耐寒、此說誠是。然余認爲顏面乃人之特種標識、所以獨顯露於外者、蓋欲使人望而知爲李趙張王、男女老少。假使蒙之以幕、僅示以腹背手足、雖親如父子、均恐各不相識、卽確是兄弟夫婦、亦難免不疑爲路人也。由是觀之、顏面爲人類之特種標識、毫無疑義、豈止諸陽脈上行於頭、爲生理家所當曉哉。夫人類以顏面爲特種之標識、斯言似矣。何以古之相士、又謂忠奸賢愚富貴貧賤、以及壽夭窮通、均係之於顏面、其故安在。曰、諺云、人心不同、各如其面、余留心實驗垂四十餘年、乃知萬千人之心理不同、而萬千人之顏面果亦不同、不獨子不能盡肖其父、女不能盡肖其母已也。惟其顏面之不同、故心理亦不得相同也。或曰、顏面五官、人所同具、何得謂爲不同、又何有於忠奸賢愚、富貴貧賤、壽夭窮通之別乎。曰、同一耳也、有軟硬、有厚薄。同一眉也、有濃淡、有長短。同一目也、有清濁、有露藏。同一鼻也、有曲直、有高低。同一口也、有斜正、有大小。五官之不同如是、其心理安得而同乎。相人書云、耳厚而堅者、體健、耳薄而軟者、神昏。眉長而秀者、主聰明、眉短而促者、主愚蠢。目光明媚者、慈祥、目光斜露者、邪淫。鼻梁正直者、忠信、鼻梁歪曲者、姦惡。口之端厚者、言不妄發、口之偏頗者、語必支離。五官之不同如此、故心理之不同亦如彼。心理之所以不同者、蓋體健異於神昏、聰明異於愚蠢、慈祥異於邪淫、忠信異於奸惡、言不妄發、異於語必支離。有此種種不同之象徵、故亦有種種不同之心理、夫以種種不同之心理、一旦出而問世、大之則舉措於國、小之則設施於家。其爲善爲惡。獲譽獲毀、忽順忽逆、時得時喪。宜其南轅北轍、種種不同。而忠奸賢愚、富貴貧賤、壽夭窮通之事跡、均將一一表暴而出之、奚待煩言哉。然此僅論五官、而況古之相人者、不止於此、尚有論頭額頦顎、論腹背手足、論骨肉毛髮、論聲音氣色精神等種種大法、宜其望而知之謂之神、聞而知之謂之聖也。或曰、同是五官、何以彼眉獨濃、此眉獨淡、彼眉獨長、此眉獨短、彼目獨清、此目獨濁、彼目光藏、此目光露、何以又有口之斜正大小、鼻之曲直高低、耳之軟硬厚薄懸殊若是、究誰使之然耶。曰、面爲諸陽之會、難經已言之矣。腦爲髓之海、靈樞早有明文、不待西人也。蓋人之一身、五官百骸、莫不係乎陽氣、莫不係乎腦髓、若陽氣充沛、則陰血協和、腦髓滿足、則發育健全。稍一偏勝、形勢卽乖。造化天生。雖父母不能爲之主宰。果其氣血平衡。修短合度。其五官百骸之形勢。必異乎常人。有不爲聖爲賢者。吾不信也。或曰、忠奸賢愚。一切一切誠著之於顏面。見之於五官。然皆天生固定。不能變更。何必知之。卽知之亦何益哉。曰、是何言耶。孔子視聽焉廋。孟子眸子瞭眊。蓋欲使人知此知彼。俾可捨短從長。鼎新革故。所謂過則改之。善則加勉已耳。而況當今之士。

人事複雜。險象環生。苟無自知之明。勢必不安本位。非分妄求。欲其崇樸棄華。業精名振。必不可得。苟無知人之明。勢必隨波逐流。以耳代目。欲其遠佞親賢。虛懷納善。亦必不可得。如是、有不動輒得咎僨事喪身者幾希。至於身膺重任。手握大權。其進退人材。尤有興衰成敗之關係。湘鄉有云。凡辦大事。須多選替手。玩其選字之意義。不具有知人之鑑者。能乎否乎。果欲知之。則不可不讀相人書。顧相人之書。種類甚多。或繁或簡。難期明備。惟圖書集成藝術典、相術彙考。搜羅最富。茲不揣固陋。謹擇其理明辭達。質實易解者。按照人生百歲所行部位。分類詳載。讀者果循序披覽。細心探討。必可獲知此知彼。利己利人之特效。益以雜論者。爲審察氣色、精神。及手指、掌紋、婦幼等之吉凶也。備載人倫大統賦及冰鑑、而略加淺注者。爲升堂入室也。附以西洋相術者。爲溫故知新也。殿之以相徵叢譚者。爲足資模楷也。惜俗冗力綿。未能博採。掛一漏萬。知所不免。海內高明。幸指正之。鎮江袁樹珊謹識

題辭 謹以奉到先後爲序

濠梁王道源

諺云眼斜心不正。人人明了相人書。若詢斯語何從證。孟子七篇可按諸。
視以觀由安更察。任何形狀莫能逃。探原立論宗斯旨。足見先生眼界高。

閩侯林侶雲南聖

疇云皮相論無據。富貴窮通自有憑。八彩重瞳手反握。巍巍聖像是明徵。
騰蛇入口餓難逃。心不固兮舉趾高。形相由來昭若揭。可知無或爽絲毫。
色相雖爲天所定。吉凶禍福自尋求。修心改相非虛語。人定勝天一念酬。
袁翁相術馳中外。立論探原醒世人。參透此中玄妙理。空空色色見天眞。

杭縣王煦林

等身著作等身名。探本窮原集大成。椽筆傳經眞富貴。山中宰相屬先生。
總總芸芸造化奇。難將儀表論妍媸。人心不一如其面。皮相由來未可欺。

存於中兮形於外。聆音察理辨瑕疵。誰謂骨氣無憑據。相鼠詩云尙有皮。
得天獨厚奇男子。稟氣偏枯小丈夫。誰識箇中眞造化。先生指點悶葫蘆。

皋甯　解樹强　斐卿

伏羲遠祖溯羲皇。靈蓍千年妙理藏。自有神機參宇宙。笑他世上設靑囊。
陽奇陰耦卦中生。萬事乘除歲月更。鐵筆一枝通造化。行藏能不問君平。
醫有難經相有書。蓍龜占卜理玄虛。欲求斯道傳當世。不憚搜羅太古初。
隱居海上有聲名。讀罷奇書眼更明。堪羨先生完夙願。卅年辛苦大功成。
君之志願、建義廟興學校、今竟樂觀厥成。

金壇　陳東生

公以俠腸露頭角。雙眸今日爲君開。一從天漢乘槎返。雲水光中洗眼來。

江都　張太素　觀翁

先生何許人。胸心羅五岳。江湖閱人多。處處卓行脚。老眼大於箕。銳利生芒角神來忽縱論。確鑿先知覺。語語破幾微。字字有着落。大言君勿笑。厚意吾自樂。

循委尋源衡鑒精。鳶肩火色認分明。千秋刊定觀人法。媿美吾家月旦評。

江都許志伊莘農

未俟先斷餓殍軀。許負當年識亞夫。我讀先生傳世作。心欽仁術指迷途。

同里于樹深小川

近日聽經有得爰以經義演繹成詩藉題　樹珊道兄新著相人探原

卽希郢正

大道誰參形性命。片言能抉窔中玄。淵渟嶽峙形前定。探討先天與後天。

人人物物幻相耳。幻裏求眞眞有原。寄語芸芸諸假我。萬千生化此中存。

同里蔣士杰孟彥

讀　樹珊先生相人探原宏著敬題

研討相人術。惟君精絕倫。不知天下士。誰是眼中人。

同里袁聖稱

宣聖重知命。相術至今傳。先視後觀察。如見肺肝然。孟子生周末。邪說至紛紜。聽言觀眸子。曲直得其眞。人言是小道。列以九流輩。吾謂道高妙。聖賢所不廢。

同里李正學崇甫

探原立論相人術。便是當今衡鑒堂。洞察往來若觀火。大名早已亞天綱。
聖賢崇正觀眸子。辨別忠奸在目中。試讀此篇新著述。七賢而後數明公。
君曾於鎭江寶蓋山麓、建有伏羲廟、附祀司馬季主等七賢、並設學校培植英才

同里馬步洲雲程

京口袁夫子。聰明睿智人。一生精命相。兩目識風塵。藻鑑超前古。叢書著等身。探原盥薇誦。尤覺蘊經綸。

中西相人探原目錄

十要圖

考正流年行運部位之圖第一
側面部位左圖第二
側面部位右圖第三
四學堂五官十二宮之圖第四
四瀆五嶽五星六曜之圖第五
三才三停六府之圖第六
面部痕紋之圖第七　詳見本書論紋理
男女面痣之圖第八　詳見本書論黑痣
中法手掌八卦十二宮之圖第九
西法手掌七丘之圖第十　詳見本書論掌之丘

至於玉枕骨。手紋。足紋等。詳見本書人倫大統賦及冰鑑七篇。學者可細觀之。

本書小引……一
百歲部位運氣部位表……一
百歲部位運氣部位歌……五
初學入門……五
百歲行運部位吉凶……八
一歲至二歲行運左天輪……九
三歲至四歲行運左人輪……一一
五歲至七歲行運左地輪……一一

八歲至九歲行運右天輪……一二
十歲至十一歲行運右人輪……一三
十二至十四歲行運右地輪……一四
十五歲行運火星……一五
十六歲行運天中……一七
十七歲行運日角……二〇
十八歲行運月角……二〇
十九歲行運天庭……二一
二十歲行運左輔骨……二一
二十一歲行運右輔骨……二二
二十二歲行運司空……二二
二十三歲行運左邊城……二三
二十四歲行運右邊城……二四
二十五歲行運中正……二五
二十六歲行運左邱陵……二六
二十七歲行運右邱陵……二六
二十八歲行運印堂……二七
二十九歲行運左山林……二九
三十歲行運右山林……三〇
三十一歲行運左凌雲……三一
三十二歲行運右凌雲……三四
三十三歲行運左繁霞……三五
三十四歲行運右繁霞……三五
三十五歲行運太陽……三六

三十六歲行運太陰……四三
三十七歲行運中陽……四三
三十八歲行運中陰……四三
三十九歲行運少陽……四四
四十歲行運少陰……四五
四十一歲行運山根……四六
四十二歲行運左精舍……四八
四十三歲行運右精舍……四九
四十四歲行運年上……四九
四十五歲行運壽上……五〇
四十六歲行運左顴……五一
四十七歲行運右顴……五二
四十八歲行運準頭……五二
四十九歲行運左蘭臺……五六
五十歲行運右蘭臺……五六
五十一歲行運人中……五七
五十二歲行運左仙庫……六〇
五十三歲行運右仙庫……六〇
五十四歲行運左食倉……六一
五十五歲行運右食倉……六一
五十六歲行運左法令……六三
五十七歲行運右法令……六四
五十八歲行運左附耳……六五
五十九歲行運右附耳……六六

六十歲行運正口……六六
六十一歲行運承漿……七〇
六十二歲行運左地庫……七〇
六十三歲行運右地庫……七一
六十四歲行運左陂池……七一
六十五歲行運右陂池……七二
六十六歲行運左金縷……七二
六十七歲行運右金縷……七三
六十八歲行運左歸來……七三
六十九歲行運右歸來……七三
七十歲行運左頌堂……七四
七十一歲行運右頌堂……七四
七十二三歲行運地閣……七五
七十四歲行運左腮骨……七七
七十五歲行運右腮骨……七七
七十六七歲行運子位……七八
七十八九歲行運丑位……七九
八十至八十一歲行運寅位……七九
八十二三歲行運卯位……七九
八十四五歲行運辰位……八〇
八十六七歲行運巳位……八〇
八十八九歲行運午位……八〇
九十至九十一歲行運未位……八一
九十二三歲行運申位……八一

九十四五歲行運酉位……八一
九十六七歲行運戌位……八二
九十八九歲行運亥位……八二
論紋理……八二
論黑痣……八三
論毛髮鬚髯鬍……八四
論神……八七
論聲……九一
論氣色……九二
論手及指爪……九五
論掌……九八
論掌紋……九九
論掌中卦位……一〇〇
論掌中三奇……一〇三
論言語……一〇三
論行坐……一〇四
論心術……一〇五
論九德……一〇六
論疾病死生之相……一〇七
論各省人相不同……一〇九
論夭相……一〇九
論壽相……一一〇
論女人九善……一一〇
論女人九惡……一一一

論女人富貴……一一一
論女人貧賤……一一二
論女人之相有八字祕訣……一一二
論生產……一一三
論小兒之相……一一三
論嬰兒貴賤壽夭……一一四
論小兒疾病之氣色……一一五
人倫大統賦……一一六
總論骨肉神氣四瀆五官六府性行身材第一……一一八
論額第二……一二〇
論眉第三……一二三

論目第四……一二三
論耳第五……一二五
論鼻與人中第六……一二六
論口唇齒舌第七……一二八
論肥瘦第八……一三〇
論背第九……一三二
論手第十……一三三
論心胸腹臍乳第十一……一三三
論足第十二……一三三
論形神第十三……一三四
論聲音第十四……一三五
論氣色第十五……一三六

冰鑑七篇……一三六
神骨章第一……一三八
剛柔章第二……一四一
容貌章第三……一四三
情態章第四……一四六
鬚眉章第五……一四七
聲音章第六……一四九
氣色章第七……一五一
西洋新相術……一五三
美國勃臘克福特博士之相
人九法……一五五
西洋手相學……一六二
手相學之沿革……一六五
英文德文法文中日文手相
書……一六五
手相學與科學之關係……一六七
手形……一六九
原始手……一六九
方形手……一七〇
篦狀手……一七二
哲學手……一七二
圓錐手……一七二
精神手……一七三
複雜手……一七三

拇指……一七三
第二及第三指骨部……一七七
指之關節……一七七
指之形勢……一七八
掌及手之大小……一八〇
掌之色澤……一八一
手爪甲……一八二
爪形與性癖……一八三

手相……一八三

掌之丘……一八四
金星丘……一八四
木星丘……一八四
土星丘……一八五
太陽丘……一八五
水星丘……一八五
火星丘……一八五
太陰丘……一八六
各丘相互之偏倚……一八六

手紋……一八七

生命線……一八七
智能線……一八七
感情線……一八七
金星帶……一八七
健康線……一八七

太陽線……一八七
運命線……一八七
火星線……一八七
副健康線……一八七
婚姻線……一八八
手頸線……一八八
本能線……一八九
手之左右……一九〇
手相學觀察法……一九一
相徵叢譚……一九二
聖人識相……一九二
皇帝識相……一九四
名臣識相……一九八
大將識相……二〇二
處士識相……二〇三
女士識相……二〇六
相識聖人……二〇九
相識帝王……二一〇
相識將相……二一三
相識忠臣……二一七
相識姦臣……二二〇
相識后妃……二二三
相識淑女……二二四
相能爲國家解決疑問……二二五

相能爲國家培植人材……………三七
相能示人由困而亨……………三三
相能勉人棄邪從正……………三四
相能使人達觀爲善……………三五

考正流年行運部位之圖第一

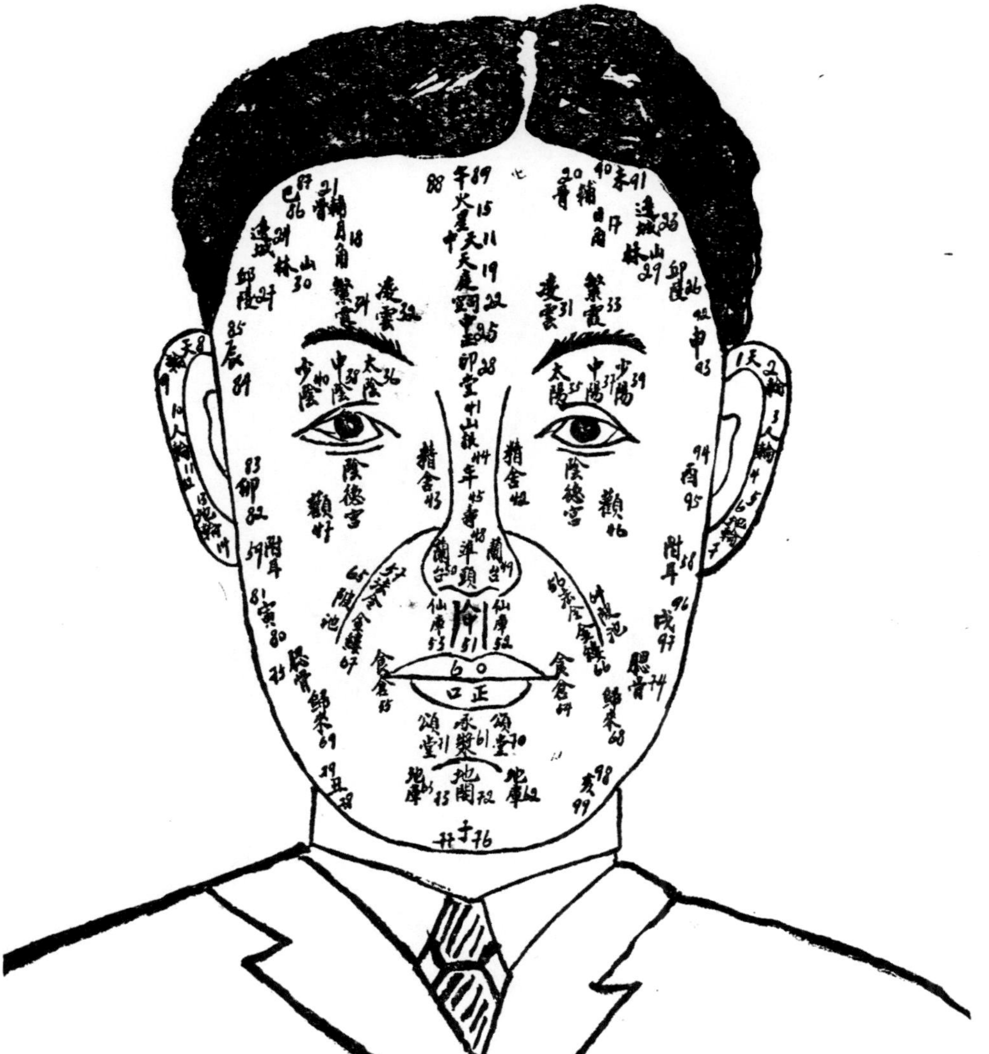

側面左圖第二

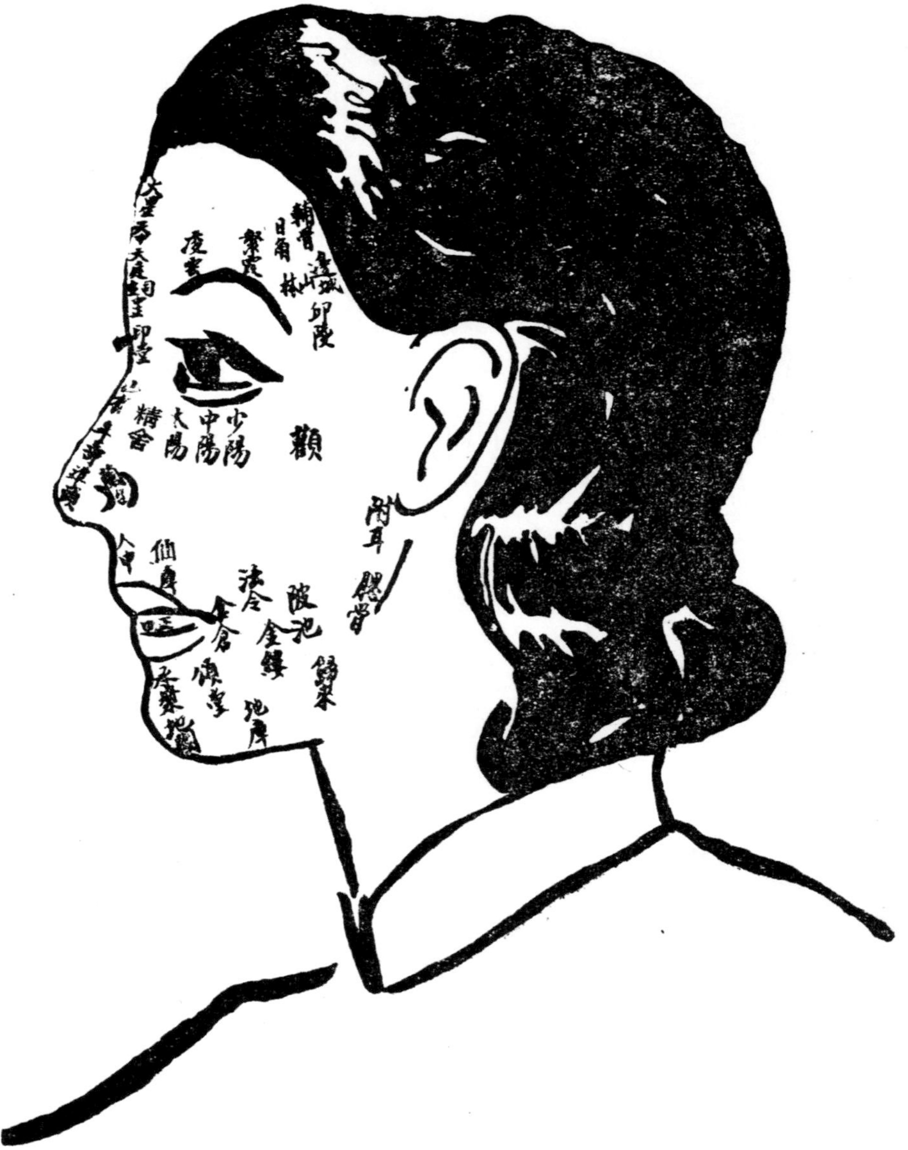

側面右圖第三

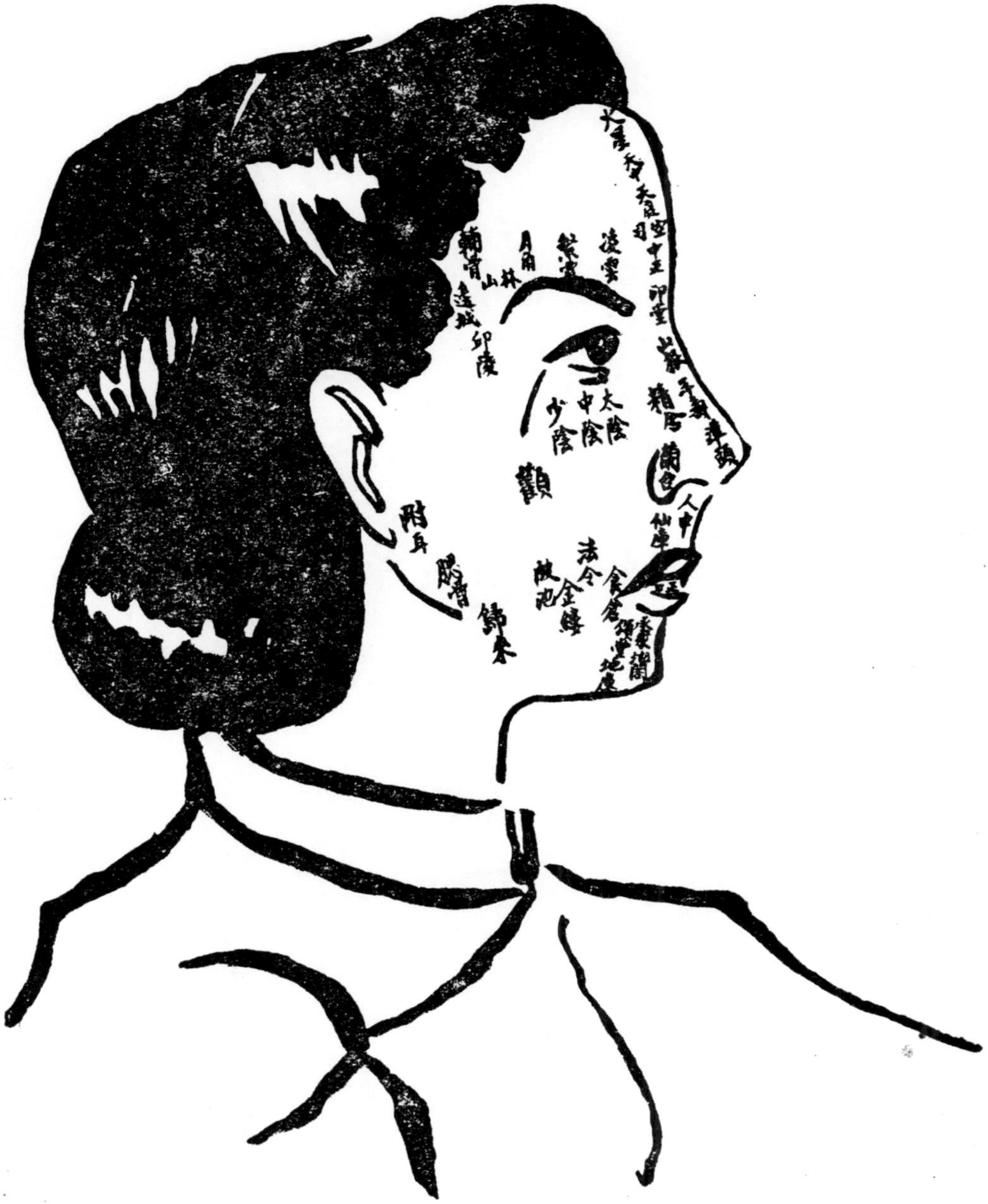
天庭
司空
中正
印堂
準頭
蘭台
人中
仙庫
凌雲
月角
山林
輔骨
邊城
太陰
中陰
少陰
顴
附耳
腮骨
歸來
法令
陂池
金縷
食倉
承漿
地閣

四學堂五官十二宮之圖第四

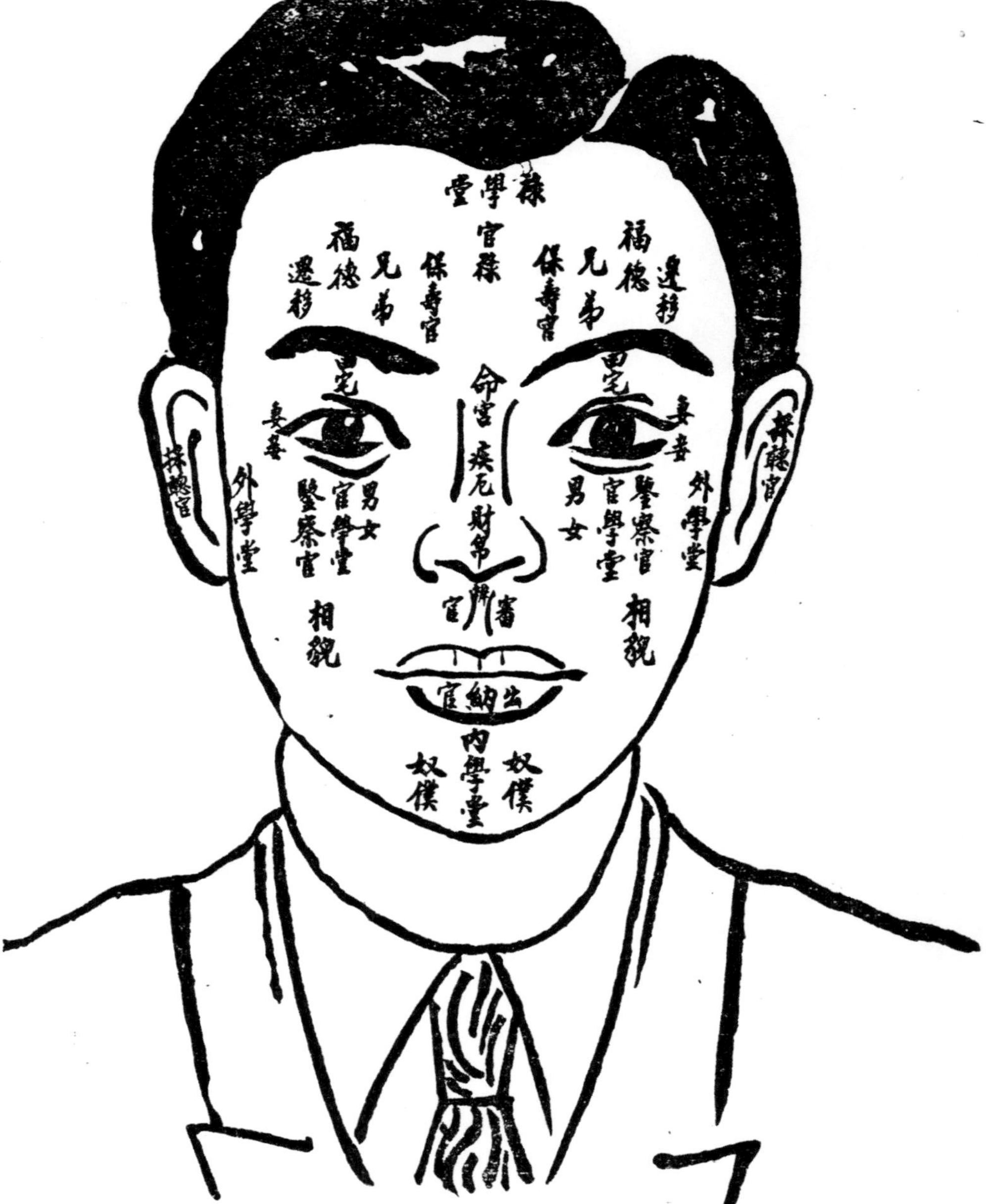

四瀆五嶽五星六曜之圖第五

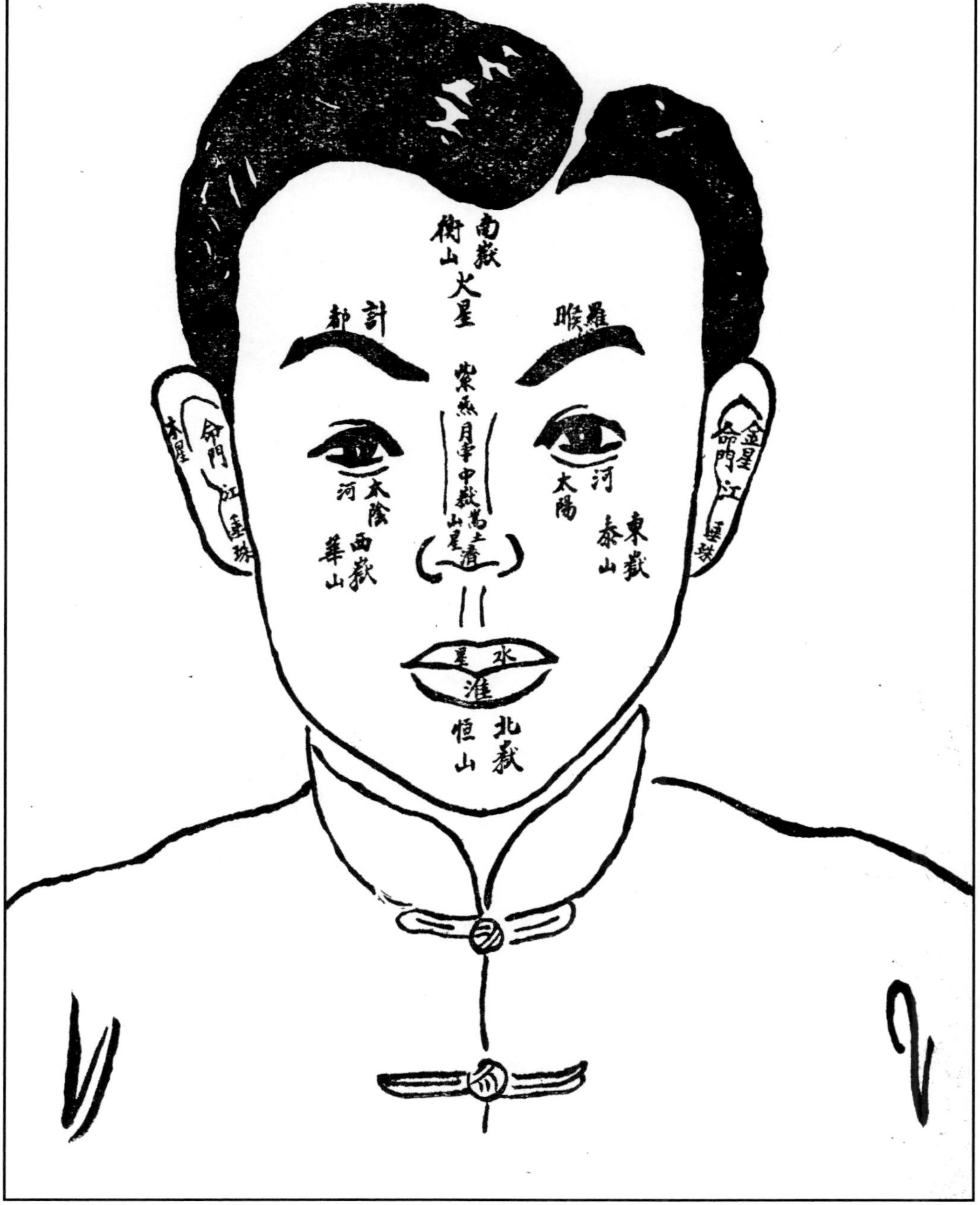

三才三停六府之圖第六

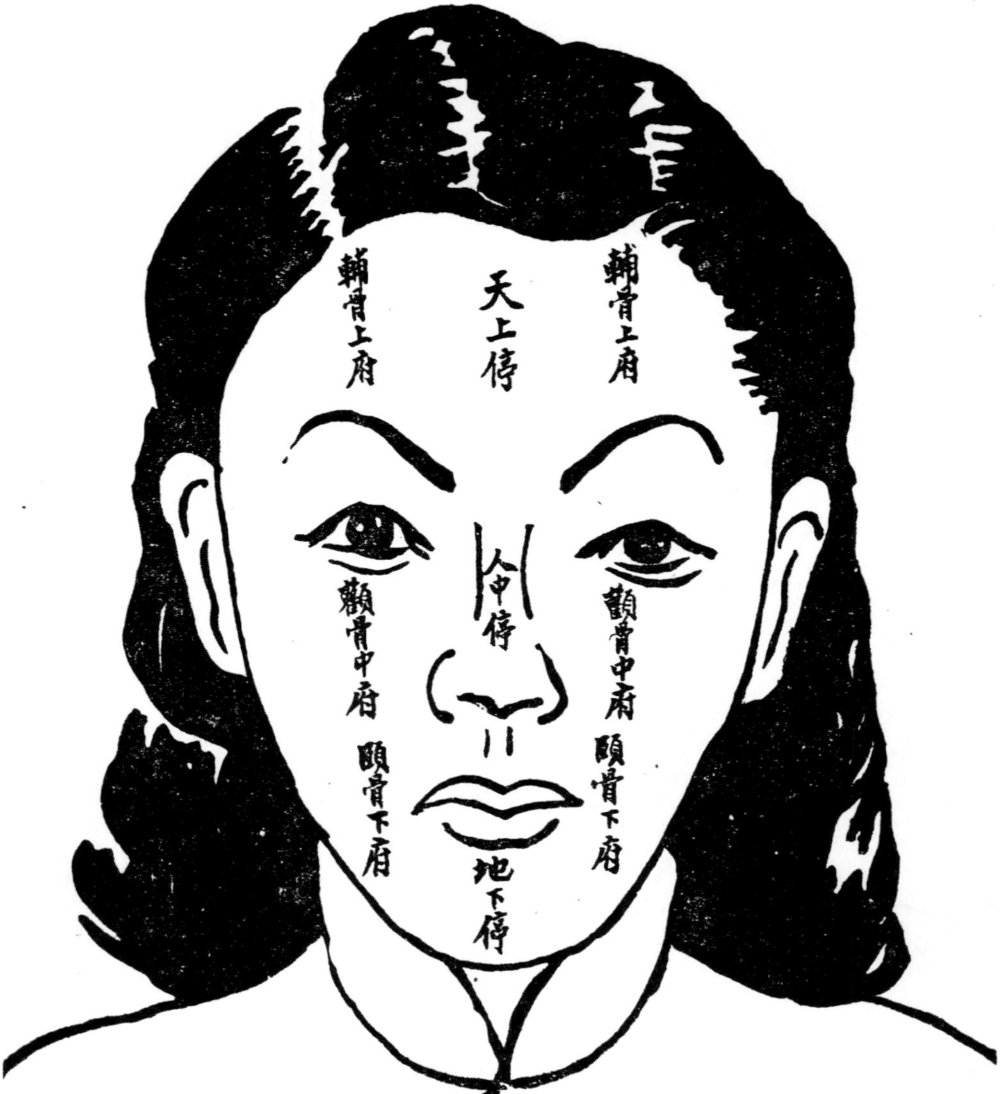

面部痕紋之圖第七

男女面痣之圖第八

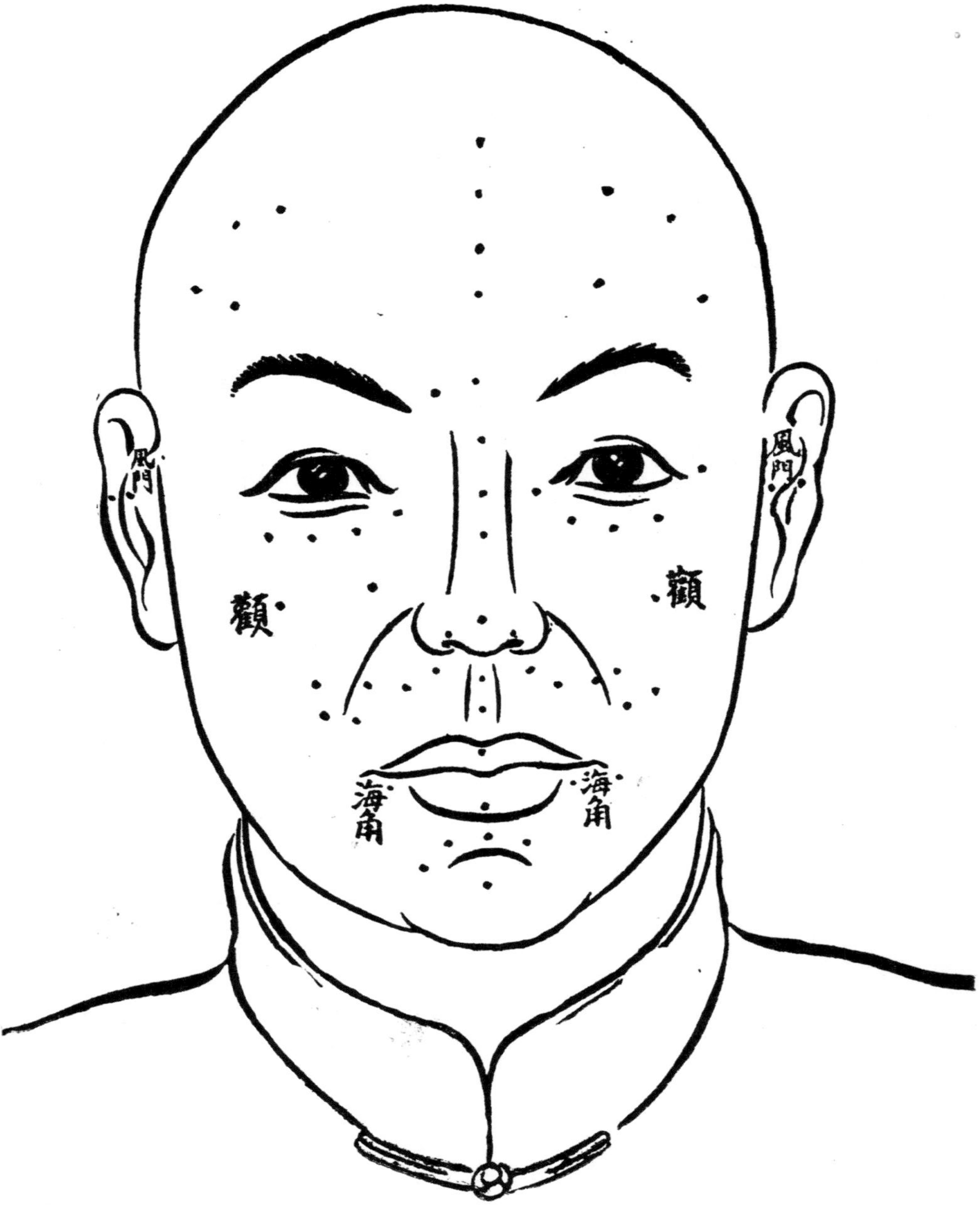

中法手掌八卦十二支之圖第九

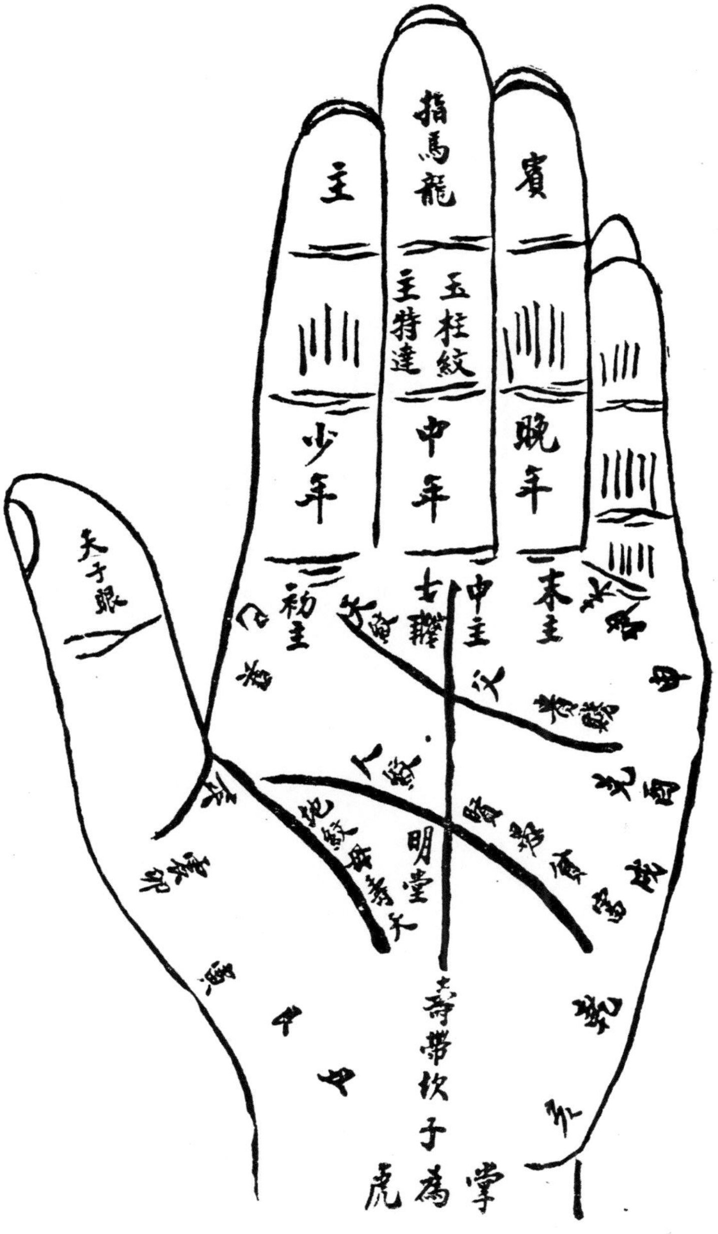

西法手掌七丘之圖第十

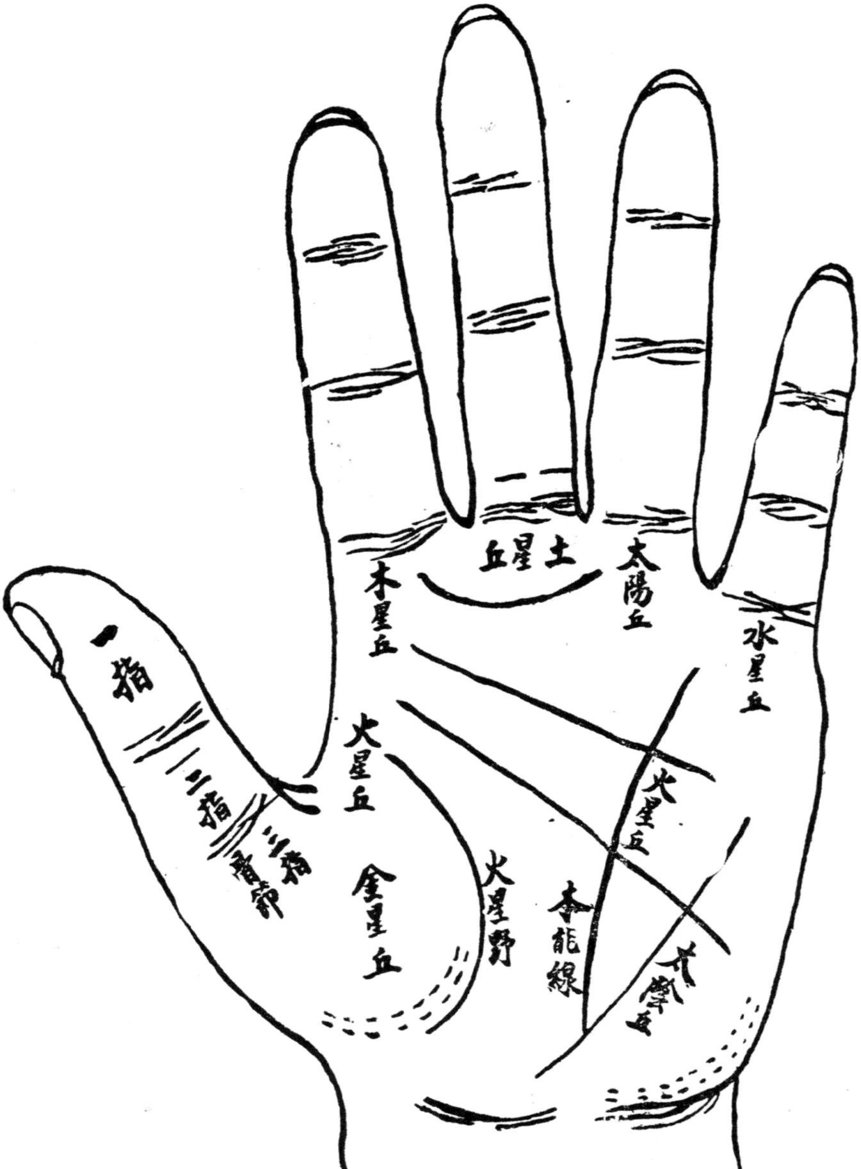

中西相人探原

潤德堂叢書之七

鎮江　袁樹珊　編著

本書小引

漢高士臨涇王節信先生符、潛夫論、相列篇云。詩所謂天生烝民。有物有則。是故人身體形貌。皆有象類。骨法角肉。各有分部。以著性命之期。顯貴賤之表。一人之身。而五行八卦之氣具焉。故師曠曰。赤色不壽。火家性易滅也。易之說卦。巽爲人多白眼。相揚四白者兵死。此猶金伐木也。經曰。近取諸身。遠取諸物。聖人有以見天下之至賾。而擬諸形容。象其物宜。此亦賢人之所察。紀往以知來。而著爲憲則也。人之相法。或在面部。或在手足。或在行步。或在聲響。又曰。骨法爲祿相。表氣色爲吉凶候。部位爲年時。符由是觀之。相人之學。早見經傳。不僅孔曰視察焉廋。孟曰眸子瞭眊。己也。本書謹遵此旨。首論面部、骨格、氣色。次論手足、行步、聲音。而面部之部位。應用者正名只採四十有四。副名亦不過七十有五。證以王仲任先生論衡、自紀篇所云。人面色部七十有餘。頗爲吻合。其他繁蕪之名。不切實用者。概置不論。質之大雅。以爲何如。

百歲流年運氣部位表

左耳 1天輪	左耳 2天輪	左耳 3人輪（舊名天城）
左耳 4人輪（舊名天城）	左耳 5地輪（舊名天廓）	左耳 6地輪（舊名天廓）
左耳 7地輪（舊名天廓）	右耳 8天輪	右耳 9天輪
右耳 10人輪	右耳 11人輪	右耳 12人輪
右耳 13地輪	右耳 14地輪	額部 15火星
額部 16天中	額部 17日角	額部 18月角
額部 19天庭	額部 20左輔骨	額部 21右輔骨
額部 22司空	額部 23左邊城	額部 24右邊城

額部　25中正	額部　26左邱陵	額部　27右邱陵（舊名塚墓）
眉部　28印堂	眉部　29左山林	眉部　30右山林
眉部　31左淩雲	眉部　32右淩雲（舊名紫氣）	眉部　33左繁霞
眉部　34右繁霞（舊名彩霞）	眼部　35太陽	眼部　36太陰
眼部　37中陽	眼部　38中陰	眼部　39少陽
眼部　40少陰	鼻部　41山根	鼻部　42左精舍
鼻部　43右精舍（舊名光殿）	鼻部　44年上	鼻部　45壽上
鼻部　46左顴	鼻部　47右顴	鼻部　48準頭
鼻部　49左蘭臺	鼻部　50右蘭臺（舊名廷尉）	唇部　51人中
唇部　52左仙庫	唇部　53右仙庫	唇部　54左食倉
唇部　55右食倉（舊名祿倉）	唇部　56左法令	唇部　57右法令
頰部　58左附耳	頰部　59右附耳	口部　60正口

中西相人探原　流年部位表　三

顎部　61承漿
顎部　62左地庫
顎部　63右地庫
顎部　64左陂池
顎部　65右陂池（舊名鵝鴨）
顎部　66左金縷
顎部　67右金縷
顎部　68左歸來
顎部　69右歸來
顎部　70左頌堂
顎部　71右頌堂（舊名地閣）
顎部　72地閣（舊名奴僕）
顎部　73地閣（舊名奴僕）
顎部　74左腮骨
顎部　75右腮骨
顎部　76子位
顎部　77子位
腮部　78丑位
腮部　79丑位
腮部　80寅位
腮部　81寅位
耳部　82卯位
耳部　83卯位
眉部　84辰位
眉部　85辰位
額部　86巳位
額部　87巳位
額部　88午位
額部　89午位
額部　90未位
額部　91未位
眉部　92申位
眉部　93申位
耳部　94酉位
耳部　95酉位
腮部　96戌位

腮部 97戌位　腮部 98亥位　腮部 99亥位
左耳 100還原

百歲流年運氣部位歌

欲識流年運氣行　男左女右不同評　一歲二歲天輪左　三歲四歲人
輪迎（舊名天城）　五六七歲地輪左（舊名天廓）　八歲九歲右天輪　十至十一人輪美
十二三四地輪眞　十五火星在額上　天中十六要光明　十七八歲
日月角　十九天庭氣朗清　二十廿一兩輔骨　廿二司空最喜平　二
十三四邊城地　廿五中正貴豐盈　二十六七邱陵滿（舊名右爲塚墓）　廿八印堂
整軼羣　二九三十山林茂　三一三二望凌雲（舊名右爲紫氣）　三三三四繁霞好
（舊名右爲彩霞）　三五太陽三六陰　中陽中陰三七八　三九少陽燦若金　四十
少陰光似月　山根四一樂登臨　四十二三居精舍（舊名右爲光殿）　四十四五年
壽尊　兩顴只管四六七　四十八歲準頭敦　四九五十蘭臺拱（舊名右爲廷尉）

人中五一見深痕　五十二三守仙庫　五十四五食倉存（舊名右爲祿倉）　五十六七皆法令　五十八九附耳言　六十花甲屬正口　承漿六一具淵源　六十二三地庫厚　六十四五陂池灣（舊名右爲鵝鴨）　六十六七金縷富　六十八九歸來看　頌堂七十七十一（二年皆值頌堂）　七十二三地閣寬（舊名奴僕）、七十四五腮骨大　七十六七子位觀　七八七九同臨丑　八旬八一寅上班　八二八七卯辰巳　八八九一午未間　九二九七申酉戌　九八九九亥香山　遐齡百歲從頭數　返老還童興不闌　晦滯偏斜非福相　崇隆黃潤必康安

初學入門

本書所載百歲運氣表、乃顏面全部之名稱。百歲運氣歌、乃一生行運之次序。必須細觀熟讀。然後再將考正運氣圖、一一與表歌對照。即知某歲行某部矣。若再將三停、十二宮等圖、按照百歲行

運部位吉凶諸說。悉心揣摩。卽知某部合格與否。某歲吉凶與否。至顏面痣紋、頭部枕骨、手紋足紋、均與人相有密切關係。固不可忽視。而氣色、毛髮、聲音、舉止、種種一切。皆能左右顏面部位之禍福。尤當詳察也。

珊按、舊書如五官之圖。以鼻爲審辨官。五嶽、以鼻爲中嶽。十二宮、以鼻爲財帛宮。五星、以鼻爲土星。六曜、以鼻爲月孛。四瀆、以鼻爲濟瀆。又曰。山根、年上、壽上、準頭、蘭臺、廷尉。甚至十干圖、以鼻爲戊己。九州圖、以鼻爲豫州。六神圖、以鼻爲勾陳騰蛇。同一鼻部、而名稱若是之繁。解說紛紜。徒亂人意。本書繪圖、僅擇其犖犖大者。其休咎吉凶。均逐歲按部說明。其他名異實同者。棄而不論。庶歸一致。大抵人面部位。上法於天。下象於地。宜厚闊豐正。忌窄薄欹斜。是以頭要圓。額要方。骨要堅。目要淸。眉要長。耳要高。顴要昂。鼻要正。口要灣。唇要紅。齒要白。髮要秀。鬚要朗。天庭地閣要朝。日角月角要拱。至於倉庫要滿。印堂要寬。山根要直。淚堂要平。人中要深。法令要明。三停要稱。六府要强。正面要開。輪廓要分。尤當加意。若再不見疵痣紋痕。無傷無破。其爲令器無疑。非貴卽富。否則或升或沈。忽否忽泰。皆未可以盡善言也。至玉枕骨、手紋、足紋、等。詳見本書雜論、及大統賦、冰鑑。學者可細觀之。

百歲行運部位吉凶

珊按、上古之壽。百二十歲爲終。今人七十歲者已稀。萬全相法之三主。以七十五歲爲約。一歲至二十五歲爲初主。二十六歲至五十歲爲中主。五十一歲至七十五歲爲末主。其總括云。額尖初主災。鼻歪中主逃。欲知晚景事。地閣喜方高。本書論部位。雖以人壽百年計。而鑒別吉凶。仍從三主之說。自一歲至七十五歲。採集衆說。不厭求詳。俾讀者不假思索。一望而知。自七十六歲至百歲。大都從略。蓋年高事簡。有不得不然者也。

一歲至二歲部位　天輪

珊按、凡部位有左右者男人先行左部。女人先行右部。以次順序。惟必須至生日後始可交脫。

耳部　左耳上邊專名（天輪）五官爲（採聽官）五星爲（金星）四瀆爲（江瀆）四學堂爲（外學堂）又爲（祿堂）解剖學爲顳顬部耳翼。

鑒別　天輪之耳。主聽。貫腦通腎。爲心之司。腎之候。故腎氣實、則淸而聰。腎氣虛、則昏而濁。是以五官爲採聽之官。主聲譽與心行也。

金星。位在左耳。經云、金星須要白。官位終須獲。

江瀆。屬之兩耳。如果孔竅深闊。重城緊密。必主聽明特達。

外學堂、一名祿堂。在耳門之前。豐滿光潤、堪稱敏捷。昏沈窄隘、大都愚頑。耳與頭部、有密切關係。凡尖頭瘦面者。無肥大耳。薄唇小口者。無圓滿耳。下顎肥大者。垂珠必大。觀其耳形何如。卽知面部格局。而爲人之性質及命運之升沈。亦可於此得其梗概矣。

耳形美者、所聞皆善。腦筋印象勢必皆善。是以趨向高明。耳形惡者、所聽皆惡。腦筋印象勢必皆惡。是以終成無賴。耳厚而堅者壽考。聳起過眉者康强。輪廓分明者優裕。（耳之外緣爲輪。內緣爲廓。偪近耳孔高突者、爲耳弦。）反此貧苦。長而厚者祿位。厚而圓者財食。薄而向前、反而偏側。多主貧夭。左右兩耳、大小不同。亦主困頓。光明潤澤、則聲譽遠揚。焦暗塵昏、則粗疏愚蠢。耳有廓而無輪。似有物而不藏也。耳有輪而無廓。似有藏而無物也。皆非所宜。大抵貴人有貴眼。或無貴耳。賤人有貴耳。或無貴眼。此又不可不知。女人左耳厚者先生男。右耳厚者先生女。一大一小者、主飲二母之乳。不然、主有異母兄弟。
耳色白於面者、名揚海內。耳色既白且堅者、福備命長。耳色紅潤者、貴達高明。耳色黃白者、聲聞遐邇。耳色青黑者寒酸。皮粗色青帶黑、而又乾燥者、腎衰壽短。尤主遠走他鄉。

三歲至四歲部位　人輪

耳部　左耳中凹之處。專名（人輪）（舊名天城）餘均同上。

鑒別　人輪與廓。敦厚貼肉。風門寬大。（風門、即耳孔、在左爲人門）顏色鮮明。主富貴壽考。智慮過人。若耳孔小骨節曲戾者。多主下愚。廓高於輪。遠客他方。而卒少子息。有輪無廓。雖有技、亦不免孤貧。耳汚色滯主窮。運蹇時往往見此。耳內有黑子者、當生貴子。耳內生長毫者、更應康寧。

五歲至七歲部位　地輪

耳部　左耳下邊之厚肉、專名（地輪）舊名（天廓）一名（耳垂）又名（垂珠）餘均同上。

鑒別　地輪耳珠貼肉朝口對面不見者。必主富貴壽考。上大下小者操勞。上長下短者貧夭。耳硬如骨者。腎氣強。體必健康。耳軟而薄者。腎氣弱。心無主宰。耳無垂珠者。破財蕩產。耳有厚肉紅潤者。富屋潤身。

珊按、一歲至七歲。必須運行左耳之三輪。如果輪廓分明。豐滿光潤。孔竅深闊。重城緊密。固稱上格。然其氣色亦不可不察。大率宜赤忌青。而尤忌暗慘枯燥。經云。形雖善、而色不明。終不足取。故善相者先相其色。後相其形。始無差謬。

八歲至九歲部位　天輪

耳部　右耳上邊。專名（天輪）五星爲（木星）耳後骨起、爲（壽堂）一名（輔骨）餘均同上。

鑒別　天輪木星。位在右耳。經云。木星須要朝。五福並相饒。

耳高過眉。謂之君上臣下。或直朝雙眉。主聰明富貴。壽考康寧。耳骨起、名曰壽堂。亦名輔骨。若手中紋長。耳又高聳。必百歲不死。耳如箭羽者貧賤。尖小者孤窮。耳高者操行不苟。耳低者貪婪好色。耳大識大。自信力强。耳小膽小。難任機密。左耳相父。右耳相母。左耳缺者先喪父。右耳缺者先喪母。左右並缺者。雙親早逝。又主有異母兄弟。

十歲至十一歲部位　人輪

耳部　右耳中凹之處。專名（人輪）一名（命門）餘均同上。

鑒別　人輪命門部位屬耳。其色鮮明者。必遂壯志。昏暗者、難獲盛名。耳孔、又名風門。在右。又爲鬼穴。寬大者壽。窄小者夭。耳內若生大痣。更主壽考。耳門如墨。或耳根生黑子者。皆主少亡。耳薄如紙。男主夭壽。女主尅夫。若無稜而額削。甚至骨粗。勢必爲妾。

左右兩耳。輪廓紅白。耳孔又潤厚而高者。必主少年得祿。命門黑氣入耳者病死。(命門在奸門之下偪近人輪。)黑氣自大海入耳者。七日之內。必死。(大海卽正口左右之兩角。)

十二歲至十四歲部位　地輪

耳部　右耳下邊之厚肉。專名(地輪)餘均同上。

鑒別　地輪之耳垂、與口齊者。必貧財萬億。此指耳長言。非謂耳生低下也。耳珠朝口。名曰朝海。(正口左右之兩角、名曰海角。)旣壽且富。迥異尋常。總之、耳宜大而忌小。耳宜高而忌低。劉玄德耳垂過肩。雖不足盡信。然其耳之大。概可想見。

珊按、八歲至十四歲。行右耳之三輪。其氣色宜紅潤明秀。白主淹滯、黑主損壽、皆大忌也。

又按。舊書左耳分三部、上曰天輪。中曰天城。下曰天廓。右耳亦分三部。上曰天輪。中曰人輪。下曰地輪。左耳之上部。與右耳之上部。同曰天輪。

甚是。左耳之中部、忽曰天城。下部、忽曰天廓。與右耳之中部人輪。下部地輪。大異。本書左耳之上部、仍曰天輪。中部改曰人輪。下部改曰地輪。以示與右耳相同。便於記憶。且合上中下三才定位之義。而況耳之外緣爲輪。耳之內緣突起者爲廓。論耳之吉凶。首重在輪。其次在廓。增一城字。固嫌蛇足。三部皆冠以天字。尤屬不倫也。

十五歲部位　火星

額部　在前髮際面部正中。居第一位。午位之下。天中之上。專名（火星）三停爲（上停）三才爲（天才）五嶽爲（南嶽）四學堂爲（祿學堂）解剖學爲前頭部。

鑒別　額者、一體之府。一身之天。諸陽之首。形體之先。上下共有六部。曰（火星）（天中）（天庭）（司空）（中正）（印堂）各掌貴賤吉凶。大抵喜闊而圓。忌窄而尖。闊而圓者貴。窄而尖者賤。經云額大面方富貴無殃。促面狹額。至老貧厄。觀於此。可見額之美惡。關繫人之榮枯、大矣哉。

上停者、自髮際至眉間是也。解剖學爲前頭葉。歐人謂上部司智力。凡前頭葉發達者。上停必廣。其人格大都高尙優美。長於理論。若前頭葉過於發達。形勢特異。失其平衡。又不免迂於俗事。無實行能力。身體孱弱。生存競爭。尤不適宜。（珊昔見某君、頭部特大。二目露光。語言支吾。行動蹇滯。人每以大頭呼之。始雖衣食充裕。繼乃孤貧不堪。此卽上停特異。失其平衡。過猶不及也。）總之、額之大小。爲智力大小之比例。額廣豐隆者。智力充足。額狹汚陋者。智力缺乏。蓋我國相學。額屬上停。主長上。司初年。故額美者、初年運吉。無論嬰孩小兒。額美者、其父母必好。且能明理敬上。教養自佳。因是智力亦特殊發達。經云。上停長大。少年榮昌。（長大、有廣字之義存焉、）可見上停最忌短小也。

天才在額。天圓則可貴。論相者必先視額。額爲君。故以天喻之。南嶽衡山。位居額上。必須豐厚崇隆。形如滿月者。尤佳。若傾側晦滯。則知識淺陋。斷難建樹。

祿學堂在額。闊而長者主貴壽。狹而短者主賤夭。

火星須得方。方者有金章。此先賢屢驗不爽之名言也。又云。額闊平無紋。助眼倍精神。上文所謂平者以直言。闊者以橫言。無紋者以少年言。又云。眼若無秀無神。額之火星。即使平闊。所得幾何。明乎此、即知眼之秀氣有無。神采何如。與額之吉凶。有密切關係。能不加之意乎。

十六歲部位　天中

額部　在前額面部正中。居第二位。火星之下。天庭之上。專名（天中。）餘名與火星相同。

相圖祕旨云。天中、在髮際頂中處。故號天中。

鑒別　天中爲貴之主宰。又主通達。豐滿光潤者。初年爲官。平闊淸潔者。遠行得祿。骨起者富貴。缺陷者貧賤。又主刑獄橫死。骨起如筋大。又復有稜者。當近聖人、而爲國師。非常格也。

額有橫紋三條。爲運勢强盛之人。上紋曰天紋。中紋曰人紋。下紋曰地紋。天紋長而有勢者。當得長上栽培。人紋長而有勢者。多主本身建設。地紋長而有勢者。應獲部下贊襄。倘此三紋。如☲離卦之象者。定見火災。如☵坎卦之象者。必遇水厄。不似卦象、而有☰小紋亂積者。必爲下賤之輩。婦人見此。不免喪夫剋子。額上只見一道橫紋者。兄弟不和。年老益賤。如見王字紋者。必超羣軼衆。進爵加官。惟常人不宜見此。如見山字紋者。爲官早達。若是俗人。又主孤壽。如見彡字紋者。人皆敬仰。爲僧必高尚。在俗亦顯揚。一生無災無難。如見井字、十字、田字、一字、乙字、女字、紋者。亦主貴達富饒。如見形如仰月。形如牛角之紋者。還當榮膺極品。惟𠂆紋大凶。主破敗祖業。遠離鄉井。雖有壽而骨肉無緣。且多險厄。㈢紋主不能自立。一事無成。與妻亦難同處。≋紋卽亂紋。或交差者。主奔波勞苦。

珊按、自天中至印堂。凡屬上停其紋理之吉凶。皆可作如是觀。

黑痣之爲物。（痣音志、寘韻、）皮膚上所生斑點、微突起者。黑色者最多、由於皮膚下深層之細胞內、存留多量之黑色素、血管在皮下破裂、乃生此痣、其赤色青色者、皆由小脈管腫漲而發、赤者屬於動脈、青者屬於靜脈、）多主妨礙。人之面部、雖如何發達。苟於部位中有一點。則彼部位之作用、卽受打擊。天中有痣者、旣無孝心祀祖、又無誠意親賢、男妨父母。女妨丈夫。其害不可勝言。若色黑如漆、色赤如硃者、尙善。帶赤則主口舌鬬競、帶白則主刑厄憂驚、帶黃須防遺忘失脫、此大概也。

珊按、十五歲運行火星。十六歲運行天中。其氣色紅黃明潤者。早歲優游。青黑暗滯者。少年困頓。

十七歲部位　日角

額部　在左額眉角之上。遙對天庭。專名（日角）十二宮又作（父母宮）。論解剖學爲前頭結節。

鑒別　父母宮、居日角月角之位。凡兩親身心俱泰者。則日月形勢整齊。上下相稱。無高低大小長短之弊。反此、必早與親離。或另生枝節。若有黑痣缺陷。必爲惡父母所生。惡色侵犯此部。兩親亦必有變故。至於日角偏者妨父。月角偏者妨母。尤當細察。日角豐隆光潤而無破者。主早歲軒昂。若骨陷、或偏側橫狹者。非夭即貧。其色昏暗、而薄促者。凶惡立見。

十八歲部位　月角

額部　在右額眉角之上。遙對天庭。專名（月角）餘名同上。

鑒別　日月角、充滿洪直。骨肉起者。大貴。破陷瘢痕紋靨者。極貧。（瘢、音槃。

寒韻。俗讀如班。瘡痕、瘡瘢也。黳音厭。琰韻面上黳子。）日月角、又爲父母宮。高聳明淨。則父母遐齡。低塌傾斜。則父母早逝。此乃概論。還須詳耳、額、眉、目、等部決之。始無差誤。

珊按、十七歲運行日角。十八歲運行月角。氣色明亮者。不獨父母康强。凡爲皆順。氣色暗滯者。不獨父母疾苦。凡爲亦逆。

十九歲部位　天庭

額部　在前額面部正中。居第三位。天中之下。司空之上。左對日角。右對月角。專名（天庭）解剖學爲前頭部。

鑒別　天庭、爲貴品之部。平闊骨起者主官祿。且主少年榮達。若得兩邊日月角相應。其色光明紅潤。必爲宰輔。如窄狹缺陷。亂紋縱橫。則不免幼喪父母。早嘗苦辛。見黑痣者剋長上。且應火災。青黑氣者尤凶。

二十歲部位　輔骨

額部　在左額眉角之上偪近髮際。平對天中。專名（輔骨）一名（輔角）六府爲（上二府）解剖學爲上頂部兩側。
相圖祕旨云。輔角、在日月角旁。輔佐日月。故曰輔角。
鑒別　上二府、自輔角至天倉。（卽山林）形勢充實。氣色黃明者。主財祿。瘢痕缺陷。氣色黑晦者。主困蹇。
輔角骨起、而氣色明朗者。至貴。有黑痣。主兵死。無痣、但微黑者。主亡官失職。亦主殺戮。赤色暴病。或主競爭。惟紅黃暢達。

二十一歲部位　輔骨

額部　在右額眉角之上。偪近髮際。平對天中。專名（輔骨）又名（輔角）解剖學爲前頭部。
鑒別　輔角骨大。官職卽大。輔角骨小。官職卽小。惟必須氣色悅澤。而無亂紋衝破者。始應。若缺陷昏暗。必主偃蹇。何官職之有哉。

珊按、十九歲運行天庭。二十歲運行左輔骨。二十一歲運行右輔骨。其氣色紅黃瑩潔者。名騰業廣。靑黑昏沈者。禍至災臨。

二十二歲部位　司空

額部　在前額面部正中居第四位。天庭之下、印堂之上。專名（司空）一名（司徒）解剖學爲前頭部。

鑒別　司空最喜平正。若骨起而光澤者。大貴。色惡者多驚。痕破紋侵。及有黑痣黑子者。皆非吉兆。赤氣現於司空。復下貫印堂者。主百日內凶死。紅輕者不妨。黃明者凡爲皆遂。

二十三歲部位　邊城

額部　在左角眉梢之上。偪近髮際。（卽山林上、外側部。）遙對天庭。專名（邊城）一名（邊地）解剖學爲前頭部顳顬線。

鑒別　邊城有骨隆起者、貴顯。或主武職建功。若見如雲行日上之赤色者。

主遠行遂志。欿危陷凹者。爲僕使勞役。有黑氣如烟如霧。或見黑子、而色惡者。不論男女。皆主客亡。否則必有凶事遠來。若只暗滯而不黑者。但恐遠行之際。發生疾病刼耗而已。

二十四歲部位　邊城

額部　在右額眉梢之上。偪近髮際。遙對天庭。專名（邊城）一名（邊地）解剖學爲前頭部顬顬線。

相圖祕旨云。邊城者、邊地之城也。在額角髮際之旁。於頭稱邊城。於面稱邊地。

鑒別　左邊城、至右邊城。如有横直之紋。形似刀痕者。爲額道紋。只須別無紋理衝破。定爲軍帥大將。若邊地、山林、兩部。均豐滿光潤。尤應雄飛。假使頭尖頂削。邊城坑陷。再見黑痣黑子者。主父母無力。非貧則賤。如遠遊。更危險。

二十五歲部位　中正

額部　在前額面部正中、居第五位司空之下。印堂之上。專名（中正）十二宮爲（官祿宮）解剖學爲前頭部。

鑒別　官祿宮、居司空之下。印堂之上。中正之位。主職業。換言之、卽天爵也。何則、以此宮光潤平滿。瑩淨無痕。其人必不屈不撓。功名順暢。又易爲長上所汲引。反此、則職業屢更。如見痣疵。（疵音慈。支韻。黑病也。）更應轗軻不遇。雖有學問。亦無所措施。雖有財產。亦難免破敗。所以此宮表彰人之一生運命。十二宮中、最爲重要者也。古詩云、官祿榮宮仔細詳。山根倉庫要相當。忽然瑩淨無痕點。定卜官高貴久長。觀於此、不僅要中正瑩淨。卽山根、倉庫、亦必須相稱。乃爲完美。中正如廣闊。骨起。氣色明潤者。必主富貴。缺陷、而見黑子者。多經挫折。如見瘢痕紋破。又不免橫事官非也。

二十六歲部位　邱陵

額部　在左額眉梢上角。偪近髮際。遙對中正。專名（邱陵）解剖學爲前頭部。雲谷山人云。邱陵、塚墓、在山林下一寸許。取象墳穴。蓋建墓於山林之內。故不能高於山林部位也。

鑒別　邱陵隆起、氣色明朗者。非貴卽富。若低陷色惡。旣無決斷能力。尤少發展希望。

二十七歲部位　邱陵

額部　在右額眉梢上角。偪近髮際。遙對中正。專名（邱陵）舊名（塚墓）餘名同上。

珊按、茲改塚墓、亦爲邱陵者。蓋取左右一律。免致參差。至邱陵、塚墓、意義正復相同。似不必區而別之也。

鑒別　邱陵隆起而光澤者。主得庇蔭之福。子孫亦蕃衍非常。若破陷傾側、而見黑子者。必主傷亡貧乏。

珊按、二十六歲、運行左邱陵。二十七歲、運行右邱陵其氣色最忌重紅深赤。微見青色不妨。如見黃明則頭頭是道。所作皆成矣。

二十八歲部位　印堂

眉部　在前額面部正中。居第六位。卽中正之下。兩眉中央。山根之上。專名（印堂）一名（明堂）十二宮爲（命宮）解剖學爲顳顬部眉間。

鑒別　命宮乃天命自然之宮。爲吾人元氣精神凝集之地。又爲腦髓之表出器也。命宮美者、得天獨厚。腦髓必優。命宮汚者、得天旣薄。腦髓必劣。凡命宮圓滿如鏡者。定卜天性强健。苟志於學。靡不成功。而壽命亦長。命宮鬱抑紋破者。不免時抱悲觀。所如輒阻。而壽命亦短。古詩云。眉眼中央是命宮。光明瑩淨學須通。若還紋理多迍滯。破盡家財及祖宗。此之謂也。印堂圓闊。顴骨高聳。呼聚喝散。任重操權。如有伏犀骨貫入印堂者。若在科舉時代。其爲鼎中傳臚之士。更無疑義。卽骨無伏犀。只須圓闊豐滿。亦當康健聰明。無論從事何業。均可邁衆軼羣。若狹窄而汚。職業屢更。成功卒鮮。他如印堂傾側。山根折斷。魚尾低凹。倉庫缺陷。額角尖塌。眉頭交鎖。腮骨少髯者。定主多成多敗。妻子難爲。皆不足取矣。

十字紋、天字紋、王字紋、見於印堂者。主手握重兵。惟見八字紋、及川字紋者。雖主大壽。不免辛勞。（紋理發現之時期、大都在三十歲前後、若到四十歲左右、而額部平坦如板、尚無些微紋理、其人必懦弱無能、反不足取也、）至於印堂之有三橫紋。或井字紋者。歐人謂此乃正義之表彰。嘗引美總統林肯氏爲例。其實此處紋理、整潔顯露者。必主處事明斷。賦性俠義。堪爲豪傑之士。若在二十五六歲、發現此紋。則主多遭危難。反不相宜。我國古書嘗言之。非歐人所發明也。

黑痣見於印堂者。男主爭訟。女主妨夫。殊屬不利。然亦有靈敏過人之處。

每見教育家、宗教家、印堂發見黑痣。竟獲相當信譽。此種經驗。不可不知。印堂氣色紅黃者。諸大吉祥。如連及準頭、而又明亮則名利更優。若青黑暗晦。見諸印堂。公私交迫災害叢生。亟宜愼重。總之、吉凶未至。其氣色先從印堂準頭而發。亦從印堂準頭而退。欲預知休咎者。務宜留意及之。

二十九歲部位　山林

眉部　在前額左眉角上邊城右下。遙對司空。專名（山林）一名（天倉）一名（福堂）一名（驛馬）六府爲（上二府）十二宮爲（遷移宮）又爲（福德宮）解剖學爲頂側部顳顬葉。

雲谷山人云。何謂山林。其部位在頭角聳突之處。約耳上二寸許。骨高號山。髮密爲林。主風水也。

鑒別　遷移宮、在輔骨斜下。眉梢直斜向上。謂之天倉、福堂。又謂之驛馬、及上二府。其意義純主遷移變化。福堂、上府、綺麗無破者。家門清泰不致濫動。若高低傾側、勢必屢易厥居。是以古人以此窺遷移動靜、及旅行變化之事也。世之頻好遷居旅行者。驛馬、天倉、之肉。必極飽滿。若再色澤光明。其爲往無不利可知。反此、則動輒得咎。不如降心守分。避免種種損失也。古詩云。遷移宮分在天倉。低陷平生少住場。驛馬黃明復有彩。定因遊宦勝家鄉。又云、福德天倉地閣圓。五星光照福綿綿。若還缺陷并尖破。衣食平平更不全。證以上文。愈覺明顯矣。

山林闊而豐者。主得志貴遊。狹而陷者。主破祖離家。女人尤忌。若形勢崇隆。氣色明亮。主高尙大雅。悅逸寬宏。

三十歲部位　山林

眉部　在前額右眉角上邊。城左下。遙對司空。專名（山林）餘名同上。解剖學爲頂側部顳顬葉。

鑒別　山林豐滿、而有光澤者。志趣高超。謀爲暢適。破損者、一世操勞。終少成績。坑陷者貧賤、色惡者至凶。見黑痣者更否。

三十一歲部位　凌雲

眉部　在左眉右角之上。中正左側。專名（凌雲）五官爲（保壽官）六曜爲（羅喉）十二宮爲（兄弟宮）解剖學爲前頭部顳顬線。

相圖祕旨云。凌雲、紫氣、在眉端聳突處。蓋取其氣如凌雲圓如紫氣也。

鑒別　眉爲人類所獨有。動物所無。犬貓之屬。雖有一二類似者。然皆不甚完整。動物之階級愈下。眉之痕跡愈稀。故以眉毛之美醜厚薄。可以分動物階級之高下。人爲萬物之靈。其性情何如。階級何如。皆可於眉毛覘之。古人以眉爲保壽之官、謂爲寬廣清長。雙分入鬢。或如懸犀新月之樣。首尾豐盈。高居額中。乃爲保壽官成。

羅喉居於左眉。計都居於右眉。古歌云。羅喉須要長。長者食天倉。計都須要齊。齊者有妻兒。觀於此、可見眉宜長而忌短。眉宜齊而忌亂也。

兄弟宮、位居兩眉。以狹義言之。僅指兄弟姊妹。推而廣之。及於親族。更推而廣之。卽有四海兄弟之意。兄弟宮屬眉。故兄弟緣分一如眉毛焉。腦髓善。則眉毛自能完整美備。更申言之。眉如新月。蓋眼者兄弟衆多。友愛亦篤。友愛既篤。城府自少。城府既少。交處自易。而心境亦愉快。協力同心。共謀幸福。未有不事半功倍者。若短粗壓眼。或交連黃薄。非惟雁侶稀疏。中多刑尅。卽有兄弟。亦不能合作。遑論親族雍睦。朋友匡掖者哉。古詩云。眉爲兄弟輭淸長。兄弟生成四五張。兩樣不齊須異母。交連黃薄送他鄉。兩樣不齊者。指兩眉有長短高下也。交連、指兩眉相促言。黃指顏色。薄指稀疎言。此皆指兄弟卒少。或各奔東西也。

凌雲之眉。男子較粗。女子較細。此爲常理。眉粗者其量大。眉細者其心小。蓋男女性之表彰。一以宏大。一以美麗。各有所歸。男生女眉則性如婦女。女生男眉。其性必類男人。眉毛入鬢者。其爲位置居高可知。是以貴顯超羣。眉毛向上豎者。殘忍性成。雖有智勇。易損陰德。且必有一度大險。此與眉毛入鬢、位置居高者。似同實異。須細辨之。眉毛向下垂者。膽小性懦。眉毛逆生者。災多害大。眉骨高者有勇氣。苟習一藝。必勝尋常。惟性傲。是其所短。若稍存涵養則善矣。眉頭有亂毛者。終歲勞役。背井離鄉。眉頭低而尾高者。犯上欺尊。眉有三角者。不孝不義。眉如八字。柔軟壓眼者。多憂多愁。眉毛稀薄。男主奸僞。女主夫貧子嗣亦乏。眉毛粗黑。眼圓光露。雖出身富有。難免盜竊行爲。眉毛中、突生一二條最長者。謂之壽毫。四十歲前。不宜有此。其毫梢向上者。主尅妻喪子。其毫端捲縮者。主後嗣無緣。其毫梢向下而特長者。主康寧壽考。眉毛濃者、須要鬢濃、鬚濃。謂之三濃。眉毛稀者、須要鬢稀、鬚稀。謂之三稀。上下相應。形勢可觀、亦主福壽攸同。

亂紋生於眉上者。智慧不足。雖有衣食。無大發展。橫紋生於眉上者。主無子老貧。更不足道。

黑痣生於眉內者。品格自高。貴相也。黑痣如漆者。智慮有餘。享用亦足。若見灰色。主親戚兄弟中、有橫死者。眉內有疵。亦主兄弟刑尅。否則、彼此參商。

三十二歲部位　凌雲

眉部　在右眉左角之上。中正右側。專名（凌雲）舊名（紫氣）此與（印堂一名紫氣有別。）解剖學爲前頭部、顳顬線。餘名同上。

珊按、茲改紫氣、亦爲凌雲者。冋取左右一律。不致參差。且免與印堂一名紫氣相混也。

鑒別　眉長於目者。既多富貴。尤主聰明。眉短於目者。既鮮兄弟。且主薄情。眉稜骨聳峻者。倔强桀傲人也。眉稜骨平塌者。志氣卑劣人也。眉毛粗濃濁厚者。秉性愚頑。眉毛脫落稀疎者。財物損失。眉毛侵入印堂者。壽命不至四旬。又主窮困。眉毛左有旋紋者妨父。右有旋紋者妨母。眉頭交錯。早孤受苦。兄弟固少。妻更難偕。

三十三歲部位　繁霞

眉部　在左眉灣弓之中。專名（繁霞）解剖學爲前頭部、顳顬線。餘名同上。

相圖祕旨云。眼目如日月。最宜光明。惟霞可助其耀。左右宜名繁霞。不必分左彩右繁也。

鑒別　眉細弓灣。或生黑子。必多文藝。眉直頭昂。大都勇敢。眉生陣雲、好殺。主從軍立名。眉毛疎散、耗財。主勞力資生。眉毛赤旋。子必當權。兩角下垂。宛如覆月者。有才無斷。雖爲人師。不能顯達。

三十四歲部位　繁霞

眉部　在右眉灣弓之中。專名（繁霞）舊名（彩霞）解剖學爲前頭部、顳顬線。餘名同上。

珊按、茲改彩霞、亦爲繁霞。固取左右一律。免致參差。夫古人定名於霞字上。冠以繁字。蓋取其美茂之義。霞字上、冠以彩字。亦不過形容霞有光彩而已。今既繁而美茂。其霞未有不光彩者。何必歧而二之。

鑒別　眉欲疎而秀。平而闊。主智信仁義。早獲榮名。秀而長者。主聰明練達。堪任繁劇。有光彩者。發跡尤速。眉骨太露者。六親不和。眉蹙而愁者孤獨。眉短不覆眼者乏財。粗濃者愚。壓眼者貧。斜生卓上者豪强。角高梢低者庸懦。

珊按、三十一歲行左凌雲。三十二歲行右凌雲。三十三歲行左繁霞。三十四歲行右繁霞。凡眉內色見紅紫。主握大權。極白而亮者。亦主亨通。惟白如點珠者。主兄弟憂喪。

三十五歲部位　太陽

眼部　在左眼右角。專名（太陽）五官爲（鑒察官）五瀆爲（河瀆）

四學堂爲（官學堂）十二宮爲（田宅宮）眼尾爲（妻妾宮）淚堂爲（男女宮）一名（龍宮）又爲（陰德宮）卽陰騭紋發現之處。解剖學爲前頭葉下部。

鑒別　父母之善惡、與遺傳之優劣。皆可於眼徵之。眼之善者、其父母必善。遺傳性多優。眼之惡者、其父母必惡。遺傳性多劣。觀眼之何如。固可知其父母。考其遺傳。若再參證兩耳。非惟識其未生之狀況。並可推其生後之榮枯也。

眼者身之日月也。左眼爲日。父象。右眼爲月。母象。寐則神處於心。寤則神依於眼。是眼爲神之遊息宮也。（寐音媚。寘韻。臥也。俗所謂睡著也。昧也。目閉神藏。又眠而無知曰寐。坐寐曰睡。不脫冠裳而眠、曰假寐。寤、音誤。遇韻。寐覺而有言、曰寤。詩云。獨寐寤言。

眼爲監察之官。須要含藏不露。黑白分明。瞳子端定。光彩射人。或細長極寸。始爲監察官成。

河瀆、屬之二目。深則壽永。長則貴顯。光則聰明。淺則短命。昏則多滯。圓則多夭。不大不小。斯爲上乘。

妻妾宮、位在兩眼之尾。向有三四線紋。謂之魚尾。由魚尾以至橫髮。謂之奸門。主婚姻夫婦之事。奸門、魚尾、色澤圓滿豐廣者。男得賢婦。女配良人。相敬如賓。其樂無極。魚尾焦黑、或有立紋如十字者。夫婦無緣。勢必反目。或夫攘妻。或妻妨夫。若再有疵痣傷痕。更難期其偕老。魚尾紋多者。情慾最盛。始雖假作莊肅。終必醜態畢露。魚尾之肉傾陷者。亦復如是。世有女子破人之產。敗人之家者。其奸門縱無缺陷痣疵。亦必血色污濁。或雀斑爛縵。蓋由於其心卑鄙。所行不潔。有以致之也。書云。奸門光潤無紋。必保妻全四德。魚尾豐隆平滿。娶妻財帛盈箱。奸門深陷。常作新郎。魚尾紋多。妻防惡死。古詩云。奸門光澤保妻宮。財帛盈箱見始終。若是奸門生暗黲。

斜紋黑痣蕩淫奔。此數語、可謂要言不煩也。

田宅宮、位居兩眼之上、眉與眼之間。豐廣有肉者。主得庇蔭。業廣家肥。狹隘無肉者。反是。舊法注重在眼。不以眼上論。赤目侵睛者。至老困窮。眼如點漆者。終身豐富。陰陽枯陷。莫保田園。（陰謂太陰、中陰、少陰。陽謂太陽、中陽、少陽。）火眼冰輪。必傾廬舍。此又不可不知。古詩云。眼爲田宅主其宮。清秀分明一樣同。若是陰陽枯更露。父母家財總是空。簡明切要。論田宅宮者。豈可忽之。

男女宮、在兩眼之下。卽下眼臉。名曰淚堂。又名陰德宮。卽陰騭紋發現之處。屬腎經。三陽三陰。位宜豐厚。最忌枯陷。左三陽枯陷者。損子。右三陰枯陷者、損女。左眼下有臥蠶者。生貴子。右眼下有臥蠶者、生賢女。（雙眼之下、有一條高弦、名曰臥蠶、）無論男婦。凡眼下無肉者。須防子女刑傷。否則無緣。古詩云。男女三陽起臥蠶。瑩然光彩好兒郎。懸針亂理來侵位。宿債平生不可當。讀此可見懸針亂紋。爲男女宮所最忌。不可不察。
太陽之眼。爲心之窗牖。窺察其眼。則其人之精神狀態。悉可知矣。眼波細、長。黑白分明。瞳孔虹彩。均無一點瑕疵。而又神清氣秀者。斯爲上品。多白眼。俗稱三白眼、四白眼。開目見白。或黑睛周圍、現有白色者。皆爲極惡之相。若三白而大。不遭誅戮。必罹水難。四白而大、時弑君父。古今來所謂英雄豪傑。其帶有上述兩種眼者。不一其人。項羽之兩目重瞳。大約是虹彩膜中、生有黑痣。其爲多白眼也、更無疑義。此外如亞歷山大王、該撒、拿破崙、並德廢皇維廉第二。皆屬斯類。而斜視亦居其一焉。
紋理近眼者。其吉凶迥異。不可不辨。凡眼細神藏、上下所現之紋、單純而長者。其人必性靜心慈。造福大衆。名垂不朽。左券先操。眼細而長、神光不露、上下所現之紋、略多而不亂者。其人必修仁尙義。心地光明。一生富貴。子孫繁衍。雖爲俗人。亦必以學術技能名於世。眼之外眦、魚尾紋差池者。

主偪強債事。易遭險難。勞苦孤貧。終鮮結果。魚尾紋、長達奸門者。主遷徙無常。妻難偕老。外觀雖好。內實淫亂。眼之外角下、紋現交叉重疊者。若不自殺。卽與妻子無緣。兩眼之上、見三撇紋理者。必主橫死。兩眼外角之下、見川字紋理者。大都犯上。又主尅妻喪子。見三捺紋理者。卽使家業豐富。亦必背井離鄉。見三畫微曲之紋理者。主作事破敗。夫婦離異。紋理紛亂、侵及淚堂。或兩重橫紋。疊見於目下者。主有假子。或招義女。晚應貧窮。若斜紋黑痣、叢集於淚堂者。雖有子孫。老必傷尅。

黃色環遶龍宮、及魚尾者。名曰陰隲紋。（眼之大角爲龍宮、小角爲魚尾、中心有光照人者爲瞳子、瞳子四周黑色而圓者爲眼睛、眼睛四周白色者爲眼白。）主有陰德濟人之事。必獲善報。若淚堂之氣色見青者。婦主產厄。或主生女。黑白者主子女悲哀。紅黃者主喜慶生子。

痣在淚堂、與子女無緣。痣在魚尾、主一再斷弦。

三十六歲部位　太陰

眼部　在右眼左角。專名（太陰）解剖學爲前頭葉下部。餘名同上。

鑒別　太陰在右眼左角。精光卓然。含藏不露者、富貴。秀而深長者、壽考。浮而露睛者、夭折。大而凸、圓而怒者、促齡。凶暴流視者、淫盜。眊斜偏視者、邪僻。前角形如曲鈎者、機深智足。善規畫能營運。多主赫奕。

三十七歲部位　中陽

眼部　在左眼中部。專名（中陽）解剖學爲前頭葉下部。餘名同上。

鑒別　中陽之眼。光明秀媚者、主性靈德厚。神靜不流者、主福備壽長。神定不怯者、正直。虎視有威者、貴崇。斜視急轉者、奸邪。黑睛大而又端凝者、康強。黑睛正而朝鼻準者、和愼。眼如羊者、性狠。眼如蛇者、心毒。總之眼不欲怒。縷不欲赤。白不欲多。黑不欲少。視不欲偏。神不欲困。眩不欲滯。光不欲流。其或圓小短深者、皆不令之質也。若分晰言之。眼大不露、炯然射人、而有威嚴者、（炯、音迥。迥韻。明也。）必爲將相。若在仕宦。亦主有權有勢。常人如此。反主毀敗祖業。又主尅妻。眼睛具車輪形者、名曰鷄眼。惡相也。常好殺生。主橫死。又主喪妻無子。眼睛色赤、形如火輪、或色青、而見車輪者、非弒其親。亦必自殺橫死。眼睛有如粟粒之形者、運蹇親離。眼中瞳人下墜。不居正中者、謂之賊眼。巧於作事。心不善良。眼角有赤脈入睛者、主有大災。若赤脈勢強。由睛貫瞳。其凶間不容髮。尤須愼重。赤脈雖起。由睛漸消。眼勢亦不甚惡。則危難可免。眼白中有黑痣者、多敗祖業。一事無成。眼睛小。四方露白者、爲四白眼。大逆不道。極凶。眼睛下垂、左右眦、及睛上見白者、爲上三白眼。出言傷人。爲僧亦與徒無緣。眼睛上注、左右眥、及睛下見白者、爲下三白眼。虎狠性成。必多險難。婦人若此。雖不殺夫。亦必離異。或主產前產後驚難。

三十八歲部位　中陰

眼部　在右眼中部。專名（中陰）解剖學爲前頭葉下部。餘名同上。
鑒別　中陰之眼。若是男子以神旺爲福。女子以和惠爲貴。視遠者聰明逾恆。視近者昆仲不協。視下者奸險可畏。視平者德行優美。視專者狠毒非常。視反者賊叛。視流者奸淫。視注者愚蠢。開目而寢。必遭橫死。瞬目不定。盡出虛言。淚堂平滿者多樂少憂。淚堂有紋如一字者作事公正。凡此種種。毫釐千里。必須與太陽、中陽、少陽、太陰、少陰等、合而觀之。始無差忒。

三十九歲部位　少陽

眼部　在左眼左角。卽左眼梢。專名（少陽）左眼左角、卽外眥。一名（魚尾）又名（奸門）十二宮爲（妻妾宮）解剖學爲前頭葉下部。餘名同上。
鑒別　少陽在左眼之梢。固以細長爲貴。然自其大體言之。眼大者膽大。其事業亦因之而大。眼小者反是。眼大者、男易爲女所愛。女易爲男所鍾。而每見失敗。目有三角者、剛而好嗔。閉目而後語者、貧而多厄。婦人目光銳者、尅夫。眼黯者淫亂。雙眶眼長、而眼尾有皺者、或外遇、或夭亡。是皆小腦變態有以致之也。

妻妾宮、居兩眼外眥。既名魚尾。又名奸門。豐滿光潤。不見紋痕者、妻賢財阜。必可同諧。紋亂痣見、低陷暗晦者、弦斷再續。或主戀愛貪淫。

四十歲部位　少陰

眼部　在右眼右角。即右眼梢。專名（少陰）右眼右角、即外眥一名（魚尾）又名（奸門）十二宮爲（妻妾宮）解剖學爲前頭葉下部。餘名同上。

鑒別　少陰在右眼之梢。平如刀截者、主聰明。多才俊。文章赫奕。不同尋常。目圓無角者、作事拙錯。每貽後悔。眼尾兩角垂下者、主親人離別。或主不和。赤脈由眼尾起、而深入於瞳中者、必有大難。至妻妾宮何如。詳見於三十五歲部位中。茲不贅述。

珊按、三十五歲運行太陽。三十六歲運行太陰。三十七歲運行中陽。三十八歲運行中陰。三十九歲運行少陽。四十歲運行少陰。其上下左右之氣色均以紫紅明潤爲妙。青黑枯暗大忌。

四十一歲部位　山根

鼻部　在鼻梁之上。專名（山根）三停爲（中停）六曜爲（月孛）十二宮爲（疾厄宮）解剖學爲顳顬部眉間。

雲谷山人云、山根、居印堂之下。如山之來脈。上接額之南嶽。中接鼻準之中嶽。故謂之山根。

鑒別　中停者、自鼻之上部。由山根至鼻之準頭是也。歐人謂中部司氣力。與我國相學謂中停主我、司中年。不謀而合。凡顱頂葉發達者。中停必大。具有自尊自信之能力。作事每能冒險。亦多成功。惟嫌賦性傲慢。亦是其短。倘中停過於渺小。斷難獨立。唯唯諾諾。供人氣指頤使而已。甚者遊惰成性。終日昏昏。更不足道。經云。中停長大近君王。可見中停短小者。皆庸碌之輩。豈能有所建樹哉。月孛、與疾病宮其位置皆在山根兩眼之間。上自印堂下。至年上壽上。豐隆光澤者。主意志堅强。根基鞏固。凡百施爲。莫不遂願。若低陷狹小屈折。及有黑痣瘢痕者。既少根基。又無耐性。雖屢變目的。亦難收美滿效果。山根、又主住所。及家庭吉凶。人之生也、與憂患俱來。災厄疾病。斷難盡免。先賢置疾厄宮於此者。使人知所戒懼也。如果山根豐隆。雖遭疾厄。亦可安渡。若凹隱痣痕。無論生自先天後天。災晦纏綿。家財破耗。在在可慮。古詩云。月孛須要直。直者豐衣食。又云。山根疾厄起平平。一世無災禍不生。若値紋痕並缺陷。空勞辛苦業難成。亦卽此義。山根宜高聳。不宜低折。若鼻梁不斜曲。而常常瑩潤者。主男得賢妻。女得俊夫。富貴壽考。兼而有之。山根連額。鼻梁隆隆而起。與額平者、主位至三公山根蹙折、鼻梁促小傾陷者、貧無立錐。身難安逸。山根枯暗、鼻梁無肉者。只知利己。不惜損人。山根不陷主壽康。山根斜曲主官訟。懸紋三道、見於山根者、男多妨婦。女恐私情。痣在鼻上。損耗連年。痣在山根。風塵勞攘。夫再娶。婦改嫁。又常患胃病。痣在年上壽上。體質不強。磨難甚大。痣在準頭。貪女色。受女害。如是婦人。又主爲夫勞苦。不得夫力。

四十二歲部位　精舍

鼻部　在鼻梁之左年上壽上之傍。專名（精舍）一名（仙舍）解剖學爲顱頂部鼻背、餘名同上。

相圖祕旨云。精舍光殿、護兩眼之眶也。眼淺、則左右如光殿、其光露也。眼深、則左右如精舍、其神藏也。

鑒別　精舍在鼻邊。若無媚態。爲人憨蠢。果其明淨。作事抗爽。惟鼻柱陷薄者。須防疾病痲煩。

四十三歲部位　精舍

鼻部　在鼻梁之右。年上壽上之傍。專名（精舍）舊名（光殿）一名（香田）解剖學爲顱頂部鼻背。餘名同上。

珊按、茲改光殿亦爲精舍。取其左右一律。免致參差。蓋精舍乃精美之屋舍。光殿乃光明之殿宇。（相圖祕旨、以光露喻光殿、神藏喻精舍、尙嫌不確、）顧名思義。似異實同。何必歧而二之。徒亂人意。不寧惟是、證以上停之輔骨、邊城、山林、凌雲、中停之附耳、顴骨。下停之法令、仙庫、金縷、地庫。可見先賢定名。亦未嘗不左右相同也。

鑒別　精舍光明。爲人幹練。既無憂疑之弊。必獲敏捷之功。

珊按、左右二精舍。紅黃光澤者、攸往咸宜。青黑枯白者、動輒得咎。

四十四歲部位　年上

鼻部　在鼻梁之中。專名（年上）又名（怪部）解剖學爲顱頂部鼻根。

餘名同上。

鑒別　年上、壽上、皆在於鼻。主壽之長短。凡黃明豐起者、不富貴、則康强。黑暗薄弱者、不貧賤、則夭亡。隆起有梁、堅而有骨者、壽徵。斜曲不直、軟而少骨者、非惟乏財少壽。且恐爭訟生災。若年上、有立骨、而無薄肉。雖生子而無子。或迎他人之子爲子。卽運途亦多險惡。如是婦人。更應艱苦。

珊按年上、壽上、準頭、蘭臺等、在十二宮、皆爲財帛宮。其得失何如。詳見準頭。茲不贅述。

四十五歲部位　壽上

鼻部　在鼻梁之中。年上之下。專名（壽上）又名（怪部）解剖學爲顱頂部鼻根。餘名同上。

鑒別　壽上、與年上同在鼻梁之中。梁柱正直相應者、人必忠孝。曲斜而不相應者。人必邪淫。鼻狹而高。老無昆仲。鼻如左曲。當先妨父。鼻如右曲。當先妨母。鼻長智長。鼻短智短。鼻梁直立。如有節者。一生必有一次大敗。婦人有此。定適病夫。色惡爲發病之兆。或爲運蹇之徵。黃明則從心所欲。黑暗則左絀右支。此又不可忽視也。

橫紋生於年上、壽上者、主尅子。黑痣生於年上、壽上者、主體弱多病。尤恐女難。

四十六歲部位　左顴

顴部　在左面之顴。專名（左顴）五嶽爲（東嶽）六府爲（中二府）

解剖學爲顱頂部。

鑒別　東嶽泰山。屬之左顴。西嶽華山。屬之右顴。中二府、屬左右兩顴。若傾側無勢。則心無慈愛。而多毒惡。若圓滿充實。無缺陷瘢痕者、主望重財豐。決非尋常人也。

左顴東嶽。右顴西嶽。東西二嶽。如果豐隆朝揖。無倚無偏。不低不高。而又與鼻之中嶽。賓主相稱。情致纏綿。其爲人材軼衆。富貴兼優無疑。若傾側低陷。心無慈愛、人必奸邪。何有於富貴哉。至於顴骨與肉橫生者。性尤凶暴。禍每不測。論氣色、紅黃者事無不舉。靑黑者、災必飛來。男主官訟。女主產厄、尤驗。

四十七歲部位　右顴

顴骨　在右面之顴。專名（右顴）五嶽爲（西嶽）六府爲（中二府）

餘名同上。

鑒別　右顴爲西嶽華山。左顴爲東嶽泰山。當與鼻之中嶽嵩山。仔細參觀。以定吉凶。若論氣色。年少者、紅明最佳。年老者、黃潤亦妙。痣在顴骨。權利爲人所奪。屢屢吃虧。究不失爲長者。

四十八歲部位　準頭

鼻部　在鼻端、卽鼻尖。專名（準頭）五官爲（審辨官）三才爲（人才）五星爲（土星）五嶽爲（中嶽）四瀆爲（濟瀆）十二宮爲（財帛宮）解剖學爲顱頂部鼻尖。

鑒別　鼻爲審辨之官。辨別薰蕕。吐納氣息。乃肺之靈苗。故肺虛則鼻通。肺實則鼻塞也。不寧惟是。鼻之爲物。又與脊髓相聯絡。其關係極深。鼻形挺直整肅者。脊髓亦挺直整肅。鼻髓灣曲者。脊髓亦灣曲。一如其鼻。脊髓與延髓骨相接。而延髓骨復與强硬性相接。故鼻主自尊性。强硬性。人之姿勢動作。一如其鼻。故鼻以氣色光潤。豐隆有肉。不高不低。山根聳。準頭紅。鼻梁不偏不曲。鼻孔不露不昂。又得左右蘭臺二部相應。斯爲上品。果如此、其人必忠孝節義。愷悌慈祥。縱非至尊。亦必顯貴也。

人才、屬鼻、爲我。以顴骨爲他人。爲世間。額爲長上。頤爲下輩、及住所。蓋鼻在面部之中。最爲重要。入夜雖寢。亦司呼吸。未嘗有須臾休息也。古書謂、鼻爲人才。欲旺而齊。名曰有人者。壽蓋有深意存焉。

、土星與中嶽嵩山。位居鼻上。古人以鼻爲土星。土須潤澤。山須崇隆。始可萬物發育。寶藏豐盈。故主富達。摩祖云。問富在鼻。經云。土星須要厚。厚者得長壽。又云。中嶽要高隆。聲名達九重。若薄而無勢。則四嶽無主。縱別有好處。亦難大貴。且無嚴威主權。其壽亦不甚高。假如尖薄。到老均難稱意。濟瀆、在鼻之二竅。卽左右仙庫。居蘭臺之下。要豐隆光潤。不破不露。則家必富饒。若再明而兼秀。非惟財帛有餘。卽職權亦超越尋常。惟竅小色滯者、主不令。

財帛宮、在鼻。何則、人生最要者、衣食住而已。蓋鼻爲土星。不獨土能生金謂之財。而土又爲萬物之母。無土則不足以生萬物。無萬物、則衣食住三者、無所取材。故先賢定位。以財帛宮屬之於鼻。是以鼻部完美者、方有財氣。有財氣、而後衣食住三者。皆可充裕。不求富貴、而富貴在其中矣。若鼻小而曲。或太高太低。或色澤赤黑。痣疵紋皺。種種障礙。非惟無財氣可言。

無富貴可求。而是非煩惱。疾病傷亡之事。且恐紛至沓來。古詩云。鼻主財星瑩若隆。兩邊廚竈莫教空。仰露家無柴與米。地閣相朝甲櫃豐。觀於此、可見財帛宮之得勢。不僅要準頭瑩淨崇隆。還須兩邊廚竈不空。地閣相朝。甲櫃豐盈。始爲盡善。廚竈、倉庫、金櫃、甲櫃、卽左右之蘭臺、名異實同。準頭形狀。只宜崇隆。最忌纖細。圓如破彈者貴。灣如鷹嘴者毒。長如截筒者多信義。尖如懸膽者多財帛。齊如芰藕者多淫賤。豐厚者慈祥。尖細者奸狡。扁低者膽怯。薄塌者志卑。瘢痕者短壽。瑕玼者鮮仁。且妨妻子。竅露者好淫。還恐貧窮。孔仰者非夭則孤。鼻長而色紅者富貴。鼻短而仰促者困難。鼈鼻者貧而貪淫。虎鼻者武而大貴。惟主兵死。準頭至年上壽上。立紋多者、其人詭詐百出。雖親如父子。亦不同心。若是女人。難爲眷屬。準頭既小。又有縱理橫理、及皺紋者、子嗣既艱。境遇亦困。至於痣疵見於鼻者、不啻金庫中之有小穴。收入雖富。存儲甚難。痣應爲人負累。疵則自遭失敗。不獨見於鼻者如此。即顏面全部見之。亦莫不如此。天然者固無論矣。即後天傷痕。亦當作如是觀。蓋痣疵影響於人之神經。更由頭部傳染於中樞。不免妨礙之也。皺紋亦同。

四十九歲部位　蘭臺

鼻部　在鼻之左孔。專名（蘭臺）一名（倉庫）一名（井竈）一名（金櫃）一名（甲櫃）解剖學爲顱頂部鼻翼。

鑒別　左蘭臺。在鼻之準頭左翼。屬十二宮財帛宮、範圍之內。是以有倉庫、井竈、金櫃、甲櫃。種種名稱。皆取其收藏財帛之義。經謂準頭圓正。而蘭臺廷尉。又皆方大。主聰明軼衆。富貴非常。（廷尉今改爲右蘭臺）鼻孔生黑子者。固差。鼻孔仰生者。尤主客亡。

五十歲部位　蘭臺

鼻部　在鼻之右孔。專名（蘭臺）舊名（廷尉）解剖學爲顱頂部鼻翼。

餘名同上。

鑒別　右蘭臺、在鼻之準頭右翼。與左蘭臺、交拱準頭。並無左高右低。右大左小。及痣疵皺紋之弊。而又氣色黃明。不犯青黑暗晦。此誠上格。然若無鼻孔下、左右仙庫、以協助之。仍不免於孤獨。卽使準頭高聳有肉。而左右蘭臺。不能相副者。財雖較豐。子亦稀少耳。

珊按、蘭臺乃漢藏祕書之宮觀以御史中丞掌之。與至尊相近。鼻準、乃至尊之位。左右鼻翼、名之蘭臺。於義頗合。何必又另置廷尉。致惹紛擾。茲特正而刪之。

五十一歲部位　人中

唇部　在鼻柱下。迄至上唇正中。專名（人中）一名（溝洫）一名（子庭）一名（壽堂）三停爲（下停）十二宮爲（相貌宮）三才爲（地才）解剖學爲後頭部口唇溝。

鑒別　下停、與地才所屬。自鼻之下溝。卽由人中、至顎之下部。所謂地閣是也。歐人謂下部司愛情。凡後頭葉發達者、下停必寬。愛情必深。妻子既完美。晚福亦崇隆。若過於寬大。則情慾倍盛。好色貪淫。不守禮法。太小、則又對於家庭觀念非常薄弱。究其極、竟成爲孤獨人也。先哲云人中之長短。可以驗壽命之長短。故一名壽堂。人中之廣狹。可斷男女之多少。故一名子庭。又謂唇欲厚而不欲薄。口欲正而不欲偏。齒欲大而密。長而直。多而白。顎欲豐隆。不欲尖削。愛情濃淡。品行邪正。家庭狀況。晚景榮枯。均可於此下停數部徵之。經云。下停長大。老年吉祥。長大、有寬字之義在焉。又云。頦爲地、欲方而闊。名曰有地者富。我國相學、謂下停主下輩。司晚年。證以歐人之言。實如出一轍也。至於上中下三停。十二宮爲(相貌宮)古詩云。相貌須教上下停。三停平等更相生。若還一處無均等。好惡中間有改更。

人中具溝洫之象。疏通則水流而不壅滯。故名溝洫。細而狹者、衣食逼迫。

滿而平者、災耗迍邅。上狹下廣者、主辛勤。幼困老榮。且多子孫。上廣下狹者、主奸巧。早榮晚孤。終無兒媳。上下俱狹、而中心闊者、子息疾苦而難成。上下俱直、而中心深者、哲嗣滿堂。上下平而淺者、子息不生。深而長者、爲人正直。主壽長。淺而短者、爲人淫賤。主夭亡。人中屈曲者、爲人虛僞。人中端直者、爲人忠信。人中漫漫平而無者、是謂傾陷。主作事荒怠。至老無兒。正而垂者富壽。蹇而縮者貧夭。明如破竹者、高官厚祿。細如懸針者、絕子素餐。微如一線之絣者、客死。人中之上有黑子者、多子。人中之下有黑子者、多女。人中之中有黑子者娶妻易、而養兒難。有兩黑子者、主雙生。有黶者、舌必有黶相應。男主財喜。女主產厄。有縱橫紋理者、男主奸惡。女主孤獨。紋理交加者、主水災。紋理斜立者、主無義。又主養異姓之子。人中鬚歇。財帛聚散不常。人中鬚亂逆旋。晚歲蹉跎。人中鬚密發光。末年富厚。人中如有惡氣垢痕。上至準頭、天庭、印堂者。五日內必生災。

五十二歲部位　仙庫

昏部　在左鼻孔蘭臺之下。人中左側之一專名（仙庫）一名（仙倉）

解剖學、爲後頭顬顬線。

鑒別　左鼻孔下之仙庫。與右鼻孔下之仙庫。同爲收藏積聚之宮。完美者、聲譽崇隆。分明者、財帛增盛。（自年上壽上、準頭、至左右蘭臺。卽金櫃、甲櫃、倉庫、井竈。及左右仙庫、皆在十二宮、財帛宮範圍以內。）缺露薄小者、一生貧乏。鼻涕常垂者、晚景淒涼。鼻孔毛露者、好播是非。鼻孔低小者、每不守信。忽然色黑無光者、謂之肺絕。百日死。

五十三歲部位　仙庫

昏部　在右鼻孔蘭臺之下。舊名廷尉。今改蘭臺。人中右側之一專名（仙庫）解剖學、爲後頭顬顬線。

鑒別　鼻孔既縮且小。準頭又低曲難堪。其人必慳吝非常。一生無大發展。

鼻孔太大、如手指者、非惟命短。且主家貧。詳見左孔之仙庫。合而觀之爲是。

五十四歲部位　食倉

唇部　在上唇人中左側之二。偪近仙庫。專名（食倉）解剖學、爲後頭部、顳顬線之下部。

相圖祕旨云食倉、祿倉、在口角上際微凸處。食祿從此而入。故爲食倉、祿倉。

鑒別　左食倉、位居上唇。偪近仙庫。端厚者堂皇。高朗者富足。其色鮮明者、聲價尤貴。薄弱必主貧賤。蹇滯難免夭亡。唇若含丹。必多才藝。口如吹火。每致孤寒。此必須兼籌並顧也。

五十五歲部位　食倉

唇部　在上唇人中右側之二。偪近仙庫。專名（食倉）舊名（祿倉）解剖學、爲後頭部、顳顬線之下部。

珊按、茲改祿倉亦爲食倉。左右相同。固免混淆之弊。卽證以名義。亦不舛誤。論語云。君子謀道不謀食。註謂食、卽祿也。觀於此、似不必一而二之也。

鑒別　右食倉、位居上唇。與左仙庫同屬十二宮、財帛宮之範圍。當參觀年上、壽上及左右蘭臺、仙庫、決其休咎。若再證以唇、口、齒三部形狀之宜忌。則吉凶更無所遁矣。

五十六歲部位　法令

唇部　在左鼻翼兩側垂至口唇兩邊之紋理。卽人中左側之三。偪近食倉。專名（法令）一名（壽部）一名（酒舍）解剖學、爲後頭部、顳顬線下部。

相圖祕旨云。法令。從蘭臺、廷尉、發出。如法制禁令然。故名之。爲官者宜法令深長也。

鑒別　左法令、爲鼻翼下之紋理。下垂於口唇者。能表示父母狀況。事業興衰。不可忽視。法令之紋理正垂。無偏倚之態者。其父母之身心。能配置適宜。故遺傳合度。腦髓兩半球。自無輕重之分。爲其子者。事親孝友。惟義是尙。斷無執拗之性。法令之紋理深長。其形如鐘。其色光澤者。事業振興。壽元高大。無竭蹶之慮。法令端整者。主官祿榮名。德孚衆望。或擅長藝能。爲人師表。法令延過地閣者。謂之壽帶。必無病而壽長。左法令紋理深者。得父之蔭。右法令紋理深者。得母之蔭。女人反是。左右各異也。法令紋理狹而長者。老剋子孫。貧病相尋。法令紋理長短不齊。或缺陷者。早與親離。屢變家業。所志不遂。法令紋理、隱而難見。處境必多困難。法令紋理、由眼下三陰三陽之間。垂入口邊者。必因毒而死。法令紋理、整圓入口者。五十前後、必有大難。否則餓死。法令上斷下圓。其形似蛇入口者。無人和。敗祖業。

富貴則短壽貧賤則餓死。

五十七歲部位　法令

唇部　在右鼻翼兩側垂至口唇兩邊之紋理。即人中右側之三。偪近食倉。舊名祿倉專名（法令）解剖學、爲後頭部、顴顬線下部。餘名同上。

鑒別　右法令爲鼻翼下之紋理。下垂於口唇者。其吉凶何如、當與左法令合而觀之。法令紋理、不分明者。此職業不定之徵。法令長紋之外、復生短紋者。家業屢變。或有異父異母。或承繼出房。法令紋。有二重者。必有重親。或有二業。

法令紋中有黑痣者。妨礙家業。或恃自己專長而僨事、又難與所親同居。法令左邊有黑痣者。父死不能相見。右邊有黑痣者。母死不能相見。或有足病。女子反此。法令紋中有紅色小瘡。必因職業相爭。法令紋外、有薄黑色者。主被盜竊。法令紋外、有穢色者。主商業損財。自法令至地閣。凡有暗晦之色者。主家產破敗。法令外、有美色、而中有滯色者。外觀雖好。內心實苦。

法令在三十歲前發生。斯爲常態。婦人孺子、有此紋理者、極凶。女有法令。大都剋夫。若紋理顯著。左右不齊。更屬大凶。此皆父母遺傳之不善。有以致之也。

珊按、五十二三歲、運行左右仙庫。五十四五歲、運行左右食倉。五十六七歲、運行左右法令。此皆水星區域。其氣色最喜明、潤、最忌塵、蒙。

五十八歲部位　附耳

頰部　在左面頰顴骨之左。專名（附耳）一名（虎耳）解剖學、爲後頭部、顳顬線下部。

雲谷山人曰。附耳、在左右耳珠之旁。故名附耳。俗呼虎耳。誤於字音也。

鑒別　左附耳、在顴骨之左。顧名思義。當參觀左顴骨、及左耳人輪之形色。

以定休咎。約言之、豐隆光潤者、指揮若定。窄削黑暗者、心緒不安。

五十九歲部位　附耳

頰部　在右面頰顴骨之右。專名（附耳）解剖學、爲後頭部、顳顬線下部。

鑒別　右附耳之吉凶。當參觀右顴骨、及右耳人輪之形色。是否豐隆窄削。是否光潤黑暗。始有定評。

六十歲部位　正口

口部　在上下兩唇之中。專名（正口）一名（海口）一名（大海）五官爲（出納官）五星爲（水星）四瀆爲（淮瀆）四學堂、齒爲（內學堂）解剖學、爲後頭部、顳顬線下部。

鑒別　口爲出納之官。乃言語之門。飲食之具。萬物造化之關。又爲心之外戶。賞罰之所出。是非之所會。而與腦體、尤有莫大之關係焉。然唇爲口之城郭。齒爲骨之精華。舌爲口之鋒刃。所以先哲論口。又必須兼論齒、唇、舌、三者也。

水星、在口部。故大海、與海口、皆屬焉、經云。水星須要紅。紅者作三公。淮瀆、亦在口部。闊固佳。而上下唇、必須覆載相稱。上唇薄、則不能覆。下唇薄、則不能載。不覆不載。非惟無壽而晚福亦差。此指口、唇二者言也。至內學堂、卽當門兩齒。周正而密者。主忠信孝敬。疎缺而小者。主詐僞狂妄。此僅以齒言也。

口肥大、而身體肥滿。屬營養質。其頭之下部。當較發達。唇必色潤。此腦髓活動之徵。其人必體健無病。財事從心。但非幽遠高雅之人。口廣大、而身體不肥。骨多肉少。屬筋骨質。其人必自是性烈。凡爲心野。好冒險。抱奢望。知進而不知退。多成多敗。煞費周章。口如弓形、體瘦如柴。肌膚豔麗。思想優美。屬心性質。其人必好宗教。尤嗜哲學文藝。其飲食、生殖之力雖薄。而愛情最篤。口如仰月向上灣者。其人必年少得志。晚運亦通。口方廣而有稜者。（厚則有稜薄則無稜。）富貴康强。口小而開大者。胸襟磊落。面大而口小者。發達稽遲。橫闊而厚、形如四字者、鉅富端正不偏。厚而不薄者、小康。口小無膽。口尖不廉。口角向上。百事樂觀。口角向下。一切苦惱。口闊形斜。語言虛僞。口如含丹。不被饑寒。口能容拳。堪爲將相。無人獨語。或不言口動。或撮如吹火。皆主孤貧。婦人口常不闔者、主淫亂。口角特大者、又主喪夫。

上唇長而厚者、主長命。下唇長而薄者、主好啖。口唇紅鮮者、主文章才俊。名播四方。唇鮮紫紅者、主富貴兼備食祿千里。上下唇厚而色澤者。富有學識。上下唇薄而色滯者。每好謊言。口角紋理整潔、而黃明者。主有陰德。必得善報。此與淚堂之陰隲紋。功效相同。上下唇紋理多者。主爲人寬和。見義必爲。逢惡必誡。其子孫亦必賢達。上下唇無絲毫紋理者。晚應孤貧。縱紋生於口畔者。今雖家業饒餘。他日蕭條。仍應貧乏。縱理入口。主饑餓不食而死。

黑子生於脣上。平生多獲美食。生於口角者災滯。女人脣生黑子者淫賤。口脣氣色紅潤者貴。黑者賤。青者毒。白者亦然。黃者病。惟繞口黃明者最吉。

總之、脣爲城郭。必欲其厚。厚則載福。齒爲精華。必欲其堅。堅則長壽。繚亂疊生者狡橫。疏漏者貧薄。短缺者下愚。露出者暴亡。壯而齒落壽促。齒以二十八枚者爲常人。三十枚以上較好。三十二枚至三十八枚者。人必出類拔萃。善善惡惡。易趨極端。若女子有齒三十二枚以上者。凶毒殊甚。反非幸福。舌爲鋒刃。必欲其利。利則不鈍。端而利者尤妙。若狹而長、則詐賤矣。禿而短者迍邅。大而薄者謬妄。尖而小者貪著。引至鼻者、剛如掌者、舌上有錦紋者。均主大貴。舌出如蛇者毒害。舌有黑子者虛僞。未語而舌餂者淫逸。

六十一歲部位　承漿

顎部　在正口下唇之下部。顎之中央專名（承漿）一名（酒地）一名（酒海）解剖學、爲顯顴線下部。

鑒別　承漿、喜闊能容指兩邊有骨中心成坑聳上者。主官祿有百盃之量。承漿骨滿朝天者主富饒。享無窮之福。色紅色白者尤良。承漿尖窄偏陷者。大率孤貧。見青黑色。或見黑痣者。旣主水厄。還恐因醉亡身。

六十二歲部位　地庫

顎部　在下顎左邊地閣上左旁專名。（地庫）解剖學、爲後頭部、顯顴線下部。

相圖祕旨云、地庫、在地閣上旁。卽頌堂稍下之左右也。其位微圓有氣。故稱庫。近地閣、故曰地庫。

鑒別　左地庫、圓滿豐盈。精神爽健。而富厚可期。若鬢秀鬚淸。其爲貴顯吏無疑義。色白者最佳。若形勢偏薄。非貧卽賤。色黑者尤忌。

六十三歲部位　地庫

頦部　在下頦右邊。地閣上。右旁。專名（地庫）解剖學、爲後頭部。顳顬線下部。

鑒別　右地庫喜方圓隆滿。忌尖削歪斜。色澤明潤者。爽健有爲。枯燥暗晦者。災磨宜愼。

六十四歲部位　陂池

頦部　在上頦、法令之左。專名（陂池）一名（陂塘）解剖學。爲後頭部、顳顬線下部。（陂音碑、澤鄣也、畜水曰陂、禮記、毋漉陂池、）

相圖祕旨云。陂池、鵝鴨、在兩頤凹處。若凹而忽凸爲有氣。如池中有鵝鴨浮起。非左陂池、而右鵝鴨也。

鑒別　左陂池宜平滿。忌缺陷。平滿者有陂池。主富饒。缺陷者無田湖。主貧乏。陂池紋見者。既防水厄。又主爭端。見惡色及黑痣者。亦然。

六十五歲部位　陂池

顎部　在上顎、法令之右。專名（陂池）舊名鵝鴨。解剖學爲後頭部顳顬線下部。

珊按、舊書左爲陂池。右爲鵝鴨。本書改右之鵝鴨。亦名陂池。左右一律。免致參差。而況陂池之中。別有魚龍。豈可僅言鵝鴨耶。

鑒別　右陂池之形勢。肥厚豐隆者。主晚年康樂。凡百稱懷。枯薄缺陷者。精神頹唐。諸多拂逆。見紫氣者泰。黑痣者否。

六十六歲部位　金縷

顎部　在上顎法令之右。偏近陂池。專名（金縷）解剖學、爲後頭部、顳顬葉下部。

相圖祕旨云。金縷、乃法令旁之小紋。其形如金縷是也。

鑒別　左金縷、在法令之左。當與陂池同看。平滿者康强逢吉。缺陷者眠食難安。

六十七歲部位　金縷

顎部　在上顎、法令之左。偪近陂池。舊名鵝鴨。專名（金縷）解剖學、爲後頭部、顳顬葉下部。

鑒別　右金縷之吉凶。固當與左金縷並論。尤必須參看左右陂池。孰厚孰薄。孰正孰斜。始有定評。

珊按、陂池、金縷、此二部皆與亥宮相近。其位屬水。色白如玉如珠、而有光彩者。晚福必優。若色白如粉、或如枯骨者。災殃立至。

六十八歲至六十九歲部位　歸來

顎部　在左顎上部。腮骨之下。斜對正口。專名（歸來）六府爲（下二府）解剖學、爲後頭部、顳顬葉下部。

相圖祕旨云。歸來、在顴骨、腮骨之下。地閣骨之上。兩骨轉坳處。蓋取歸來朝東西二嶽之義。

鑒別　下二府、自頤骨至地閣。宜充實。忌缺陷。充實者財富。缺陷者老困。歸來、有左右兩部。圓厚光澤色黃者。吉祥止止。窄縮枯燥靑黑者。凶厄纍纍。

七十歲至七十一歲部位　頌堂

頸部　在下頸正口之下。承漿兩傍專名（頌堂）解剖學、爲後頭部、顳顬葉下部。

相圖祕旨云。頌堂、在地閣坳凹處。蓋取口角開闔。彼亦從其動。如雙方訟爭不息也。柳莊云。舌尖舐得之處。乃是頌堂。

鑒別　頌堂兩部。雖有左右之分。其爲喜平滿忌缺陷則一。平滿者主有華堂富餘可知。缺陷者主無田宅貧乏亦可知。有黑痣者主棄祖移居。有紅、

紛亂紋者。主晚年寂寞。

珊按、舊書謂承漿左右之兩頌堂。其吉凶僅主七十歲之一年。似不合法。本書以左頌堂主七十歲。右頌堂主七十一歲。證諸上停左邊城、主二十一歲。右邊城主二十二歲。左山林、主二十九歲。右山林、主三十歲。中停左顴、主四十六歲。右顴、主四十七歲。下停左法令、主五十六歲。右法令、主五十七歲。左附耳、主五十八歲。右附耳、主五十九歲。左右二部。皆各主一歲。無不吻合也。

七十二歲至七十三歲部位　地閣

頤部　在下頤正口承漿之下。專名（地閣）五嶽爲（北嶽）十二宮爲（奴僕宮）解剖學爲後頭部、甲狀軟骨部。

鑒別　北嶽恆山、在頦尖陷者。末主無成。終亦不貴。果其頷之衡山。鼻之嵩山。左顴泰山。右顴華山。上下左右高低相稱。一一相朝。其福壽之崇隆。又豈常人所可企及耶。

奴僕宮、在下顎。頤頦豐廣者。必獲奴僕之力。或得部下之助。頤頦尖小者。旣無奴僕之緣。必難卒衆。頤有兩重、形勢雄偉者。足可統御多人。身爲領袖。頤頦尖削、再見痣疵紋痕。主爲奴僕所累。或受部下所害。卽取而代之者。亦必爲豐顎廣頤之人。腮骨尖而突出者。恩將仇報。人必無良。諸宜遠之。總之、頤頦小者、不能用人。僅爲人用而已。古詩云。奴僕還須地閣豐。水星頤骨要相從。若言三處都無取。傾陷紋痕總不同。觀此、可知奴僕宮須重視地閣。而水星、腮骨、亦不可不細察之。

地閣者、人身之地。一體之基。形方則榮。形厚則富。虎頭則雄。燕頷則勇。豐似擁肉者。旣富且康。盈如滿月者。立名享壽。朝天者。極品。（天、謂上停也。）朝人者次之。（人、謂中停也。）方厚更加頂平者。必獲祖業。尖削而又晦滯者。難免老窮。頤端尖、而左右歪斜者。忘恩負義。兩重頤者。晚景固佳。

頤雖細小肉薄。茍有氣而肉堅實者。亦勝尋常。皮膚紅黃色麗者。更主喜慶。發現赤點者。定罹火驚。薄黑主災。痣疵亦忌。

珊按、舊書以地閣主七十一歲、一年之吉凶。以奴僕主七十二三歲、兩年之吉凶。似不確切。何則、地閣卽十二宮之奴僕宮。安用再於地閣兩傍。別立奴僕之部位耶。本書旣以左頦堂主七十歲、右頦堂主七十一歲。故以地閣主七十二三歲、如果地閣豐隆、必期富貴壽考、又豈止一呼百諾、左奴右僕已哉。

又按、六十八九歲、運行歸來、七十至七十一歲、運行頦堂、七十二三歲、運行地閣、此三部色白、色紅、而皆光潤者、皆主福壽。色黑、色晦、而又枯燥者、多主災危。

七十四歲至七十五歲部位　腮骨

顎部　在左右兩顎之傍。平對正口。專名（腮骨）六府爲（下二府）解剖學、爲後頭部、顳顬葉下部。

鑒別　邊腮頤骨。乃是下府。喜高峻色美。輔佐地閣。不尖不歪。不粗不大。此地府成也。若高低粗露色惡、耳後又見重腮、此地府不成也、古云。一府成、掌十年之富盛。相反者、主十年之破敗。至於橫紋生於腮下者、尤防險惡、須仔細察之。

珊按、七十四五歲、運行左右腮骨。至九十八九歲、運行亥位、大率形貴豐正平滿。忌偏側傾斜。色貴紅黃明潤。忌靑黑暗晦。若再參觀其眼神、坐神、立神、語神、行神、則吉凶休咎。更可瞭然於胸中也。

七十六歲至七十七歲部位　子位

頦部　在下頦正中。地閣之下。專名（子位）

鑒別　子位、端方平滿者富貴。又主子孫繁昌。狹薄削小者貧賤。又主耄耋淸寒。肥厚者起居爽健。色澤者田宅饒餘。皆主末運亨泰。

七十八歲至七十九歲部位　丑位

腮部　在右腮骨之左。陂池之下。舊名鵝鴨。地庫之右。專名（丑位）

鑒別　丑位吉凶。當與頤骨、及地庫二部。合而觀之。豐厚圓滿。平正朝接。氣色明潤者。皆主富貴壽考。偏狹尖陷。瘢痕破缺。氣色枯暗者。皆主困苦賤貧。

八十歲至八十一歲部位　寅位

頤部　在右頤骨之上。歸來右側。附耳之下。平對人中。專名（寅位）

鑒別　寅位吉凶。當與頤骨、及附耳二部。合而觀之。喜豐滿潤澤、色黃。忌塌陷枯燥、色黑。

八十二歲至八十三歲部位　卯位

耳部　在右顴高骨上側。附耳之上。左對淚堂。右對耳孔。專名（卯宮）

鑒別　卯宮吉凶。當與右顴骨、及右附耳二部。合而觀之。宜豐滿潤澤。氣色鮮明。忌陷削枯燥。氣色晦滯。

八十四歲至八十五歲部位　辰位

眉部　在右眉上側。偪近髮際。邱陵之下。舊名塚墓。天輪之上。專名（辰位）

鑒別　辰位吉凶。當與邱陵、及天輪。合而觀之。若證以本身辰位。形色之宜忌。則休咎更顯著矣。

八十六歲至八十七歲部位　巳位

額部　在右額、偪近髮際。邊城之上。專名（巳位）

鑒別　巳位吉凶。當與右邊城同觀。豐滿光澤者暇豫。瘢痕暗晦者災驚。

八十八歲至八十九歲部位　午位

額部　在前額髮際正中。火星之上。專名（午位）

鑒別　午位屬火。位居南方。其色黃明者吉。黑暗者凶。經云。火星須得方。方者受金章。此言額具方形。必主大貴。

九十歲至九十一歲部位　未部

額部　在左額。偪近髮際。邊城之上。專名（未部）

鑒別　未部吉凶。當與左邊城同觀。再參以巳位、及右邊城之形色。則宜忌可知。安危立判矣。

九十二歲至九十三歲部位　申位

眉部　在左眉上側。偪近髮際。邱陵之下。天輪之上。專名（申位）

鑒別　申位吉凶。當與左邱陵、左天輪合而觀之。再證以辰位、及右天輪之形色。是否左右相稱。氣色鮮明。則老境之甘苦。可灼然而知矣。

九十四歲至九十五歲部位　酉位

耳部　在左顴高骨上側。附耳之上。左對耳孔。右對淚堂。專名（酉位）

鑒別　酉位吉凶。當與左顴骨、左附耳。合而觀之。再參以卯位、及右附耳之形色。是否左右相應。氣色鮮明。則進退存亡。不難預知也。

九十六歲至九十七歲部位　戌位

顋部　在左顋骨之上。歸來左側。附耳之下。平對人中。專名（戌位）

鑒別　戌位吉凶。當與左顋骨、左附耳、合而觀之。再證以寅位、及右附耳之形色。是否高低合格。氣色鮮明。如是則得失行藏。不難胸有成竹也。

九十八歲至九十九歲部位　亥位

顋部　在左顋骨之右。陂池之下。地庫之左。專名（亥位）

鑒別　亥位何如。當與顋骨、地庫、左右對照觀之。果其骨肉停勻。氣色潤澤。其精神必仍飽滿。視聽必仍如常。雖壽踰百齡。亦不得謂爲替頌善禱也。

論紋理

紋理、又名皺襞。（襞、音璧。陌韻。布帛之摺疊紋也。）現於額上眼尾、及口唇兩側者居多。或縱或橫。各因意力活動之時期。而有大小强弱之區別。其發現之時。大都在三十歲前後。蓋孩提之童。不應有此。間有額部發現紋理者。皆是羸弱病兒。倘孩提發現深法令者。必非佳兒。卽使長成。亦不過爲不孝非義之人而已。婦人之紋理。不如男子之多。有之、亦不似男子之强。但在四十歲後、或至老年。雖有紋理。若與男子、比其大小多寡。則不如遠甚。苟婦人而有强大之紋理。其性行必類男子。由是觀之、紋理之發現。其爲不關先天、而屬後天也明矣。約言之、紋理有常態、變態二種。額中、眼尾、法令、所現紋理。明晰順正者。謂之常態。此意力運用協和也。當卜運氣亨通。額中、眼尾、法令、所現紋理。粗雜凌亂者。謂之變態。此意力運用失調也。當卜運氣蹇滯。甚至疾苦堪虞。其他吉凶。詳敍各部。茲不贅述。（參考各家）

論黑痣

皮膚之有黑痣。猶之沃壤產嘉禾。瘠土生莠草也。是以人之骨格高明。血脈疏暢者。則生奇痣、以彰其貴。人之骨格平庸。血脈蹇澀者。則現惡痣、以表其賤。其黑如漆。其赤如硃。光澤美豔者。多主大貴。惟必須生於隱處。不妨礙部位之進化。始有特效、若黑而灰。紅而滯。生於明顯之處。皆不足取。書云。足生黑子者。爲有祿之人。蓋非明顯之處也。其他雜色。既無光彩。又爲部位之障礙者。均未可以善云。至於雀卵痣點。無論男女。對於夫婦子女。不免多所刑尅。豈止好行奸詐。酷愛便宜已哉。文殊菩薩曜宿經云。觀察黑痣之生於何處。即可知姙年爲何天干。假使受孕於壬年者、痣在腹。生於辛年者、痣在乳。甲年者痣在背等。靡不悉驗。可見痣之爲物。於相學上、有極大關係。又聞某學者曾將人之黑痣。與太陽痣點。比例研究。是亦寓無限意思於黑子中者也。太清神鑒參各大家

論毛髮鬚髯鬍

頭面之有毛髮。猶山地之有草木。土質肥潤者草木華秀。土質瘦瘠者。草木枯萎。人之血液循環。各得其道。則毛髮鬚髯眉等。莫不細軟光澤。若血液循

環。不得其道。則毛髮鬚髯眉等。亦莫不粗硬晦滯。細軟光澤者。雖不盡黑。其人心性既高尚。運氣必佳。粗硬晦滯。甚至焦黃者。其人心性固卑劣。運氣尤不免顛沛。書云。髮乃血之餘。腎之苗也。是以人至年齡加長之時。血氣漸衰。毛髮變白。此乃自然之理。(年少髮白者、早喪雙親。)古謂世無濃髮宰相。更無禿髮健兒。良有以也。(毛髮、由三十歲後、漸禿者吉、由前額禿落者貴。由後頭、或由上頂側頂、點點禿者凶。女子髮早禿者、或多辛苦尅夫、婦人年老、而髮不禿者、長壽。)然果年逾六十。毛髮尚黑豔如少壯者。運氣雖甚旺盛。其子息必有幼稚。老年髮黑者長壽。半白半黑者亦長壽。至於髮之旋毛、生在中央而又前後齊整者。其父母之遺傳心性。必定良好。大都易於發達。若左右偏側。卽知其遺傳不良。一生忽得忽喪。榮枯靡定。若有兩個旋毛。其髮又復粗硬。低生壓額。遺傳不良。更屬顯著。其爲體質虛弱。性情矛盾。皆不能免。若夫髮捲毛縮。乃是父母血液混濁之故。心性固難言。運氣亦極可慮。

無家庭子孫之福。猶其餘事也已。

上唇生者爲髭。（人中）下顎生者爲鬚。（承漿）頦頷生者爲髯、近耳生者爲鬍、一云。鼻下爲髭、下顎爲鬚、頰部爲髯、但言鬚者、統稱也。此四者、惟婦人無之。有則失常。屬之男性。其爲一生蹇滯、必矣。是以凡爲男子者。不可無鬚。無則流於女性。缺少丈夫氣概。當機立斷。決非所長。責任思想。更爲薄弱。間有聰明睿智之士。亦有無鬚者。然只長於謀略。運籌帷幄而已。必待勇敢剛毅者助之。始可建業立功。古書以髭爲祿、以鬚爲官。寧可有祿而無官。莫敎有官而無祿。有祿無官者。既富且壽。有官無祿者。既貧且賤、若官祿兩全。則福壽備矣。總之、無髭無鬚。固爲男子所最忌。然太多紛亂、亦非所宜。若口之周圍。粗髭亂積。狀不雅觀者。斷難顯達。髯之兩傍。長如燕尾。而中間短促者。運氣雖通。亦只兩子。至於勁直者性剛。和軟者性柔。滋潤者富貴。乾燥者困窮。還須細察各部。未可執一而論也。

若論毫毛、與人之休咎。亦有關係、不可忽視。毫白者主壽。黑子上生毫者主貴。眉耳生長毫者至壽。眉生白毫。玉堂骨起。仙人之相。胸上生毛。人好道術。背上生毛人必凶惡。兩肩上、或臂上生毛、主慈孝。腹上生毫者。主大富。膝下生毛者少官祿。足下生毛者極仙品。一孔三毫富貴之身。圓面豐頂、後面連山勢起。髮少者、富貴之相也。（以上見月波洞中記並參各大家）

論神

夫天一生水。於物爲精。地二生火。於物爲神。人之動、其神示而不藏。然欲觀其所在者。於眼則得之。蓋眼爲肝之竅。肝屬木。木所以生火。故神在眼。若掩其目、則神安在乎。此固無所逃也。論有十四說云。

1. 神藏　瞻視平正。初如無神。坐久乃現。如美玉明珠。光彩蘊蓄。愈視愈清。其光自麗。及其顯示溫粹淳然。不變怒不强發。人自畏之。此爲神藏之上相。盛德大業之人也。

2. 神靜 一見恬然。再見寂然。愈久視之。淡薄自若。唯光彩內見。中有所得。宜著意深測。默有可見。若論其眞。可以思致。不可以言傳也。此爲至人之相。不與世俱者也。

3. 神和 溫粹恬純。不喜似喜。雖有怒色。其喜常存。遠遠視之。已見其和。不必久視而後見也。此爲解除胸襟。不妬忌。不偏僻。蕩蕩然至聖之人。有德君子之相。故人見而悅之也。

4. 神銳 志銳則氣銳。氣銳則神銳。神銳見於言詞作爲相貌之間。自矜飾。不謙損。若久而不挫、必有失。如銳然正熾。遇折傷見血。水火驚恐則發也。若無此候。終乃自喪其志也。

5. 神馳 馳者、如馬之馳。一坐之頃。其神如有所之。不言不矜。默默自馳。此須以意見也。若馳而不反。久必狂非善相也。

6. 神露 露見不藏。其睛凸。不怒似怒。又爲神怒。四白若見。必主刑傷夭折。

貴亦不能久。若眉高有覆應則吉。

7. 神耽　視下曰耽。如虎之視物。四白通見。若在物上。此惡毒狠虎貪殘之相也。更久不回睛。必淫亂受刑。死於郊野。非善相也。

8. 神驚　驚者、心氣不足。茫然如失。又如臨深履危。青氣盈面。有所怯懼。睡不安。坐不久。口常急。動眼頻回睛。久而不安。縱不失神。此下愚無立之相。縱貴亦夭折。非良器也。

9. 神慢　慢者、見於動靜作爲之間。皆慢也。其候在眼不轉睛。視物難忘。雖有急難。其慢不更。終不成大器也。

10 神疑　疑者、動多猶豫。遲疑不決。行步舉止。如有所思。欲作不作。欲言不言。一坐之間。其色屢變。亦非貴相也。

11 神醉　醉者、坐立不正。常如醉人。癡還不癡。狂眼豪視。如隨物去。又爲神迷。此愚賤之人。縱貴亦夭折也。

12神昏　昏見於色。滿面之間。如烟雲四起。浮露隱隱。不分不明。雙眸雖大。久視無光。事有所著。言不能辨。此貧賤無立之人。

13神急　急者、閃閃不定。洋洋自得。滿面常光華。又爲喜氣。不貼肉。中年有驚恐血災。神若一退。可以成器。常急終不久。

14神脫　脫者、常見有忽然不見。如土木偶人。縱能行坐飲食言語。而亦無氣。此號爲行尸。若有此候。不過一年。色悴者一季。

訣曰。妙相之法在何方。觀其神氣在學堂。（眼爲官學堂）若人認得神與氣。富貴貧賤當審量。一點眞、一點眞、悟了方爲善相人。不悟眞如魂夢裏。徒勞兩眼去觀人。神恍恍、氣爽爽、似有似無在面上。一點神光俱不散。此人定作公侯相。清亦貴、濁亦貴、清濁交加方始是。若人辨得濁中清。便是人間公卿位。清怕寒、濁怕實、又怕毛骨粗是一。神清骨秀兩分明。早佐皇家爲柱石。照膽經

論聲

天有雷鳴之聲。地有風烈之聲。山有澗泉清流之聲。海有波濤浩瀚之聲。人亦有上、中、下丹田之聲也。聲出於下丹田者、上也。出於中丹田者、次也。出於上丹田者、斯爲下矣。出於下丹田者根深表重。和而清潤。遠而圓暢。聰明特達。富貴優遊之人也。出於中丹田者、根淺表微。輕重不均。嘹喨無節。或先貧後富或先富後貧。成敗靡常之人也。出於上丹田者、發自舌端。急促不和。乾溼不齊。震而鳴。焦而破。勞苦貧賤之人也。

若夫清而圓。堅而嘹喨緩而烈。急而和。長而有力、勇而有節、大如洪鐘騰韻。鼉鼓振音。小如澗水飛鳴。琴徽奏曲。或如甕中之響。或如笙簧之音。或人小聲洪。五行合音。金聲和潤。木聲高暢。水聲圓急。火聲焦烈。土聲深厚。皆上智福壽之人也。

至於急而嘶。緩而澀。深而滯。淺而躁。大而散。散而破。或如破鑼之聲。敗鼓之鳴。寒鴉哺雛。老鴨哽咽。或如病猿求侶。孤雁失羣。狂如秋蟬晚噪。細如蚯蚓夜吟。或如犬之吠。如羊之哀。或聲未止而氣先絕。或言未舉而色先變。皆下愚貧賤之人也。總之君子之聲、清澈和暢、大小有力。小人之聲、懦弱輕薄濁硬軟滯。清者清高。濁者魯鈍。響者快利。滯者困厄。人大聲小者、貧賤夭折。人小聲大者、富貴康寧。聲弱者懦弱。聲薄者輕薄。聲破者、作事無成。聲硬者剛强毒害。聲軟者、口甜心苦。聲輕者、優柔寡斷。女帶男聲者、倔强再嫁。男帶女聲者、庸碌無權。聲先低弱、而後琅琅者、先貧後富。聲先琅琅、而後低弱者、先富後貧。自言自語者、孤貧。忽然聲躁者、急病。蓋聲音爲人相中之一大關鍵。非常緊要。審辨端詳。庶幾無誤。不然、何以聞聲、而知君子小人哉。（唐宋齊邱玉管照神局參後周王朴太清神鑑）

論氣色

形體、相之根本也。氣色、相之枝葉也。（氣藏皮內。色現皮外。）根本固、則枝葉繁。根本枯、則枝葉謝。論相、所以先究形體。而後氣色也。夫氣舒則色暢。氣恬則色靜。氣通則光潤華明見於色。此皆氣色之善者。氣偏則色焦、氣滯則色枯。氣蔽則憔悴暗黑見於色、此皆氣色之凶者。夫形如枯木、心如死灰、淡然不與世俱、此又至人之相、不可以氣色而論也。

氣色最易鑒別者、莫如口唇、蓋唇之爲物、本屬赤色、以美麗爲宜、苟帶有黑白赤污等色、此卽神氣衰頹之徵、眼鼻縱有可取、凡爲亦必齟齬斷難裕如。

氣色分類雖多。大體約有十種。曰青、曰黃、曰白、曰赤、曰黑、曰暗、曰滯、曰濛、曰紅、曰紫、是也。暗、滯、濛、三色、似覺漫無分別。經驗既久。自可一目瞭然。

青色　主驚恐、　過勞、　忿怒、　或受人呵責。

黃色　主歡悅、　或喜慶臨門、　財帛到手、　情慾濃厚。

赤色　主災難、　或火厄、　訟獄、　離別、　負傷。

白色　主憂愁、　破耗、　死亡。

黑色　主疾病、損失。
紅色　主心中有喜、或情慾發動。
紫色　主大喜悅、或主遷官、若無光澤、仍主不祥。
暗色　滯色、濛色、皆屬凶色。此三者本來無色。不過發於皮下表於皮上而已。其呈露多在額之左右。卽邊城山林等處。主災難、遲滯、損失。

就以上所列十色觀之。似覺凶多吉少。然又有華明與枯暗之別。不可盡泥。華明者如白紙之表。枯暗者如白紙之裏。精粗迥異。詳察便知。無論何色。如果枯暗而不華明。其皮膚如紙之裏者。皆爲惡運將臨之兆。獨於黃色一項。雖不華明。亦不成災。但對於事物。大都難遂。若黃色而又華明。其皮膚如紙之表者。此卽善運方來之徵。凡爲邁進。攸往咸宜。書云。色光則性靜。色晦則情亂。色光者如秋月連天。色晦者如浮雲蔽日。性靜則吉。情亂則凶。其理與上述之氣舒則色暢。氣滯則色枯。無二致也。

再細按之。色吉而枯暗者、不可以吉論。反作凶言。色凶而華明者、不可以凶論、反作吉言。若色吉而又華明者、其吉應速。色凶而又枯暗者、其凶亦應速。若以色浮沉淺深論、浮主未來、沉主過去、深者吉凶之期應近、淺者吉凶之期應遠。至於面上小瘡小泡、亦與氣色有密切關係、不可忽視、當辨別之、凡看氣色、必須在室內紙窗之下、令被觀者凝神靜坐、與觀相者之距離、約三四尺、始可準確、過於靠近、反難看出蓋氣在皮裏、色在皮外、其狀不一、其微如蠶吐之絲、如蜂排沫、短者如粟米、又如微塵、大者不過一寸、若在玻璃窗口、目光射映之處、斷難鑒別。如在晚間、以植物油燃燈照之、最妙。如用電燈及煤油燈、光嫌太強、非白紙覆之不可。若論部位、以天庭、日月角、印堂、及年上、壽上、準頭、人中、地閣、最爲緊要。古歌云。不拘靑黑與紅黃、但看發現在何處、若能依部細看之、定知爲善與爲悲、此之謂也、以上見後周王朴太淸神鑑

論手 指爪附

手者、其用所以執持、其情所以取捨。故纖長性慈而好施。短厚性鄙而好取。手垂過膝。蓋世英雄。手不過腰。一生貧賤。身小而手大者福祿。身大而手小者貧窮。手薄削者貧。手端厚者富。手粗硬者極賤。手細軟者大貴。手香暖者清高。手臭汚者濁下。指長而纖者聰俊。指短而突者蠢愚。指柔而密者積財。指硬而踈者破產。指如春筍者貴達。指如鼓搥者愚頑。指嫩如剝葱者食祿。指粗如竹節者受饑。手薄硬如鷄足者無智。手倔强如猪蹄者至愚。手皮連如鷄足者顯揚。男子手軟滑如錦囊者巨富。女子手硬如竹竿者大貴。

大指、宜肥圓。其節有紋重疊而長。如畫眉之狀者、俗云夫子眼、主有文學。若歪斜瘦禿者、主經營費力、一生勞苦。

食指、（卽第二指、）宜圓滿、傍貼中指。主衣食豐足。若歪斜向外。而離中指者、主極貧。古云。兩掌要厚。十指怕漏。指有歪斜。若再無肉。則漏矣。上漏主六親少力。下漏主貧財不聚。

中指、（卽第三指、）宜端正。得無名指、及食指、左右緊貼、主高尙有爲。若歪斜破傷、主孤身貧乏。

無名指、（卽第四指、）宜明淨。如與中指緊貼。下不漏縫。主財祿豐盈。若歪斜向外、而離中指者、主極困。

小指、宜淸秀。長而不禿。若指頭過無名指之節、而又骨圓者、主才藝超羣。功名早獲。若歪斜向外、不與無名指貼近者、主孤尅。

四指爲賓、二指爲主。賓主相稱、攸往咸宜。二指長者、君子有緣。四指長者、小人不足、

若五個手指斬傷、或病損者、亦有所主。大指破祖。二指尅父。三指喪母。四指妨妻。五指刑子。大指駢、母亦疾苦。

十指上之紋。全如旋螺者、多主榮貴。十指上之紋、旁漏如箕者、多主破敗。

十指上之紋、橫有三約者、（每指之紋有三行、各見三道者、是也。）財祿豐

盈。奴僕忠實。十指上之紋、橫有一約者、旣主貧賤。終應操勞。太清神鑒

論掌

掌長而厚者貴。掌短而薄者賤。掌硬而圓者愚。掌軟而方者福。四畔豐起。而中凹者富餘。四畔薄弱、而中凸者財散。掌潤澤者富貴。掌乾枯者貧窮。掌紅如噀血者榮貴。掌黃如拂土者愚賤。掌現靑色白色者皆主貧寒。掌之中心生黑子者智而富。（手掌之痣、每與足心相應。）掌之四畔生橫理者、愚而貧。大抵掌爲虎。指爲龍。指長掌短爲龍呑虎。所作皆成。掌長指短爲虎呑龍。凡、謀、輒、左。五指頭如一字齊者、愚而且凶。中指與掌同長短者、賢而且吉。人瘦掌漏。人肥掌厚。人大掌大。人小掌小。人淸掌淸。人粗掌粗。面大掌大。面小掌小。皆爲合格。只須掌色紅潤。紋理明朗。必主聰明特達。若人瘦掌肥。人肥掌瘦。人大掌小。人小掌大。人淸掌粗。人粗掌淸。面大掌小。面小掌大。皆爲破格。又爲反常。若掌色枯晦。紋理交雜。必主愚昧孤貧。至於爪甲之吉凶。大

致與手指相同。纖而長者聰明。堅而厚者老壽、禿而粗者愚鈍。缺而落者病弱。形如桐葉者榮華。形如半月者快樂。形如銅瓦者技巧。形如皺石者下愚。

後周王朴
太清神鑑

論掌紋

手中有紋者、象木之有理也。木之紋美者、名爲奇材。手之紋美者、乃是貴質。故手不可無紋。有紋者上相。無紋者下相。紋細而深者貴。紋粗而淺者賤。惟掌上之三才紋、不論高低人皆有之。蓋此紋在母腹中、受胎成形之際、擎拳、掩耳而成。是以上畫應天、象君、象父、定其貴賤。又主根基。中畫應人、象賢、象愚、辨其貧富。又主財帛。下畫應地、象臣、象母、判其壽夭。又主福德。若三紋瑩淨、無雜紋衝破者、名利優游。縱理多者、性亂而貧。橫理多者、性愚而賤。豎理直貫中指者、凡謀皆遂。（豎理紋、西洋手相書名壽帶紋、即坎紋直上離宮者。）豎理直貫四指者、主得盛名。亂理散出指縫者、百事多乖。紋細如亂絲者、聰明大雅。紋粗如橫木者、愚魯操勞。有龜紋、魚紋、印紋、偃月紋、車輪紋者、皆主大貴。有田字紋、井字紋、十字紋者、亦主大富。心虛者其紋必顯。心昧者、其紋不明。又有掌平心平。紋正心正。紋橫心橫。紋淺機淺。紋深機深。紋多心緒多。紋少機關少。紋小識小。紋大識大之別。皆須一一詳辨之也。太清神鑑

論掌中卦位

乾屬金、居戌亥之位。爲天門。爲父包含萬象。不同尋常。形勢豐滿。氣色明潤者、父蔭有餘。長子發達。形勢低陷、氣色枯暗者、父蔭不足。子孫稀疎。

坎屬水、居子丑之位。爲海門。爲根基。形勢豐滿、氣色明潤者、根基富有。形勢低陷、氣色枯暗者、根基貧乏。若見惡紋衝破、尤主水厄。（若坎宮有豎理紋、直上離宮者、名壽帶紋。主富貴。

艮屬土、居丑寅之位。爲墳墓。爲兄弟。形勢豐滿、氣色明潤者、祖塋旣佳。兄弟亦衆。形勢低陷、氣色枯暗者、祖塋破敗。兄弟參商。

震屬木、居於卯位。爲立身。爲妻妾。形勢豐滿。氣色明潤者、立身高尙妻妾和諧。形勢低陷、氣色枯暗者、立身困頓。妻妾刑傷。

巽屬木、居辰巳之位。爲財帛。爲祿馬。（卽驛馬、）形勢豐滿、氣色明潤者、財帛饒餘。指揮如意。形勢低陷。氣色枯暗者。財帛破耗。動定乖舛。若見惡紋衝破。尤差。

離屬火、居於午位。爲官祿。形勢豐滿。氣色明潤者、文則加官。武則進爵。形勢低陷、氣色枯暗者、無論文武。大都拂逆。

坤屬土、居未申之位。爲母。爲福德。形勢豐滿、氣色明潤者、慈母康强。福德優厚。卽子息亦主蕃衍。形勢低陷、氣色枯暗者、慈母疾苦。福德薄弱。子息亦主刑傷。若見惡紋衝破。尤凶。

兌屬金、居於酉位。爲子息。爲奴僕。形勢豐滿、氣色明潤者、子息俊秀。奴僕忠實。（奴僕亦作部下論、）形勢低陷、氣色枯暗者、子息愚頑。奴僕奸詐。若見惡紋衝破。非惟子息傷亡。且受奴僕、及部下之害。

掌之中央爲明堂。主目前之吉凶。掌中平坦無傷、氣色明潤者、凡謀皆遂。如有惡紋、或氣色枯暗者、立見凶危。古人云。氣色見於掌心。一觀爲定。久看則昏。又云。掌有紫色。眼下亦必有紫色。掌有青色。眼下亦必有青色。須參觀之。

掌中分別八卦。巽爲初主。管二十五年。離爲中主。管二十五年。坤爲末主。管二十五年。看其何宮豐滿。卽知其財祿興旺。發於何時。如有缺陷。則多成多敗。煞費精神。再驗其掌紋。以決財祿之聚散。大致紋理細密者、財祿多聚。紋理粗疏者、財祿多散。藝術典相術部彙考

論掌中三奇

三奇者、掌中之巽、離、坤、三部、突起肉峯也。如巽宮一峯高大者。主初年發達。財帛極旺。離宮一峯高大者、主中年發達。功名極顯。坤宮一峯高大者、主晚年發達。福壽終吉。玉掌記云。掌中有堆峯。福祿必崇隆。此之謂也。（如兼看

掌上之三才紋斷之。尤爲周密。）上同

論言語

人之心與物對。而反爲物所誘也。則情僞百出。而寓之言。則其未嘗無悔吝。心之所生。故言不妄發也。必守禮焉。言不妄陳也。必有序焉。言中理而有序、非貴人、則爲有道之士。故通達者言顯。剛正者言厲。簡靜者言寡。忠直者言悋。謙恭者言遜。蔽執者言僻。虛誕者言繁。躁急者言怒。猛勇者言暴。諂諛者言媚。奸狡者言不盡。意毒害者言而含笑。好高則言高。好大則言大。言之所主、以此驗之。其爲人也、言之泛泛、終成大器。言之落落、終不困滯。大凡人言貴乎氣平、氣平則言有法度。貴乎氣和、氣和則言有章制。與人之言、貴乎有信。接人之言、貴乎有禮。讒言不入耳、邪言不出口、聽言觀行、審而訂之、得此道而言、決非尋常之流。如縱口而言、不辨利害、不論是非、乃大罔人之言也。

唐宋齊邱玉管照神局

論行坐

夫行者、進退之節。去就之義。所以見其貴賤之分也。人之善行、如舟之遇水。無所往而不利也。不善行者、如舟之失水。必有漂泊沒溺之患也。是以貴人之行、如水之流下。而身重脚輕。小人之行、如火之炎上。而身輕脚重。故行不欲昂首而躩。又不欲側身而折。太高則亢。太卑則曲。太急則暴。太緩則遲。周旋不失其節。進退各中其度者。至貴人也。且行而低頭者、多智慮。行而昂頭、者、少情義。行而偃胸者愚而下。行而身平者福而吉。蹭蹬而來者、性行不妙。泄泄而往者、財食有餘。脚跟不至地者、窮而夭壽。發脚急如奔者、賤居人下。行而左右偸視者、心懷盜竊。行而轉面後顧者、情慮驚亂。大抵行之貴也、腰不欲折。頭不欲低。發足欲急。進身欲直。起走欲闊。端往而不凝滯者、皆上相也。

人之行者屬陽。坐者屬陰。故行者體陽爲動。坐者體陰爲靜。凝然不動者。坐之德也。坐而膝搖者。薄劣之人也。坐而頭低者。貧苦之輩也。坐而轉身回面者毒。坐而搖頭擺腦者狡。巍然如石不動者富貴。恍然如猿不定者貧賤。坐定神氣不轉者、忠良福祿。坐定亂色變容者、凶惡愚賤。坐之爲道、不端不正、其相不令。能謹能嚴、其福自添。又云。坐所以安止、欲沉靜平正、身不斜不側、體重磐石、腰背如有所助、終日不倦、神色愈清者、貴相。若如醉、如病、如有所思者、皆不善相也。（唐宋齊邱玉管照神局）

論心術

形不勝貌。心不昧術。夫昧者不明也。爲物所役、故屈於用心。爲事所奪、故謬於擇術。卒至凶咎悔吝之及也。然後怨天尤人、比比皆是。每一念想、未嘗不爲太息。然臨事制物、正心術而可取者有七。乖心術、而不可取者亦有七。所可取者何。一曰忠孝。二曰平等。三曰寬容。四曰純粹。五曰施惠。六曰有常。七曰剛直。其不可取者、一曰險惡。二曰邪穢。三曰苛察。四曰矜誇。五曰奔競。六曰詔諛。七曰苟且。此皆由心術之不同。而惑於異也。故古人有論心擇術之戒也。或曰心術之不可取與所可取者、各異其形、可得聞乎。曰、貌端氣和者忠信。骨正色靜者平等。眉開眼大者寬容。和氣閒暇者純粹。面開準黃者施惠、鼻直神定者有常。形肅貌古者剛直。有是七者、在所取也。眼凶神露者險惡。眼凶色嫩者邪穢。眼深肉橫者苛察。眼有忿氣者矜誇。眼急色雜者奔競。視流容笑者詔諛。氣麄身搖者苟且。有此七者。其心術在所不取也。如眼下肉生。龍宮、福堂、黃氣盤繞。是有陰德之人也。夫德物無心。臨事無物。體道而出。體道而入世間種種、一無干吾之靈臺。果何心術之有哉。所謂心術者。乃以勉人之不及而已。懼而行之。亦可以同歸乎善、而受道也。後周王朴太清神鑒

論九德

郭林宗曰。觀人有九德。一曰容人之德。二曰樂善之德。三曰好施之德。四曰進人之德。五曰保常之德。六曰不妄之德。七曰勤身之德。八曰愛物之德。九

曰自謙之德、

詩曰。大德如滄海。寬和萬物歸。保常終不變。樂善自知機。豈肯爲貪鄙。何曾說是非。粹然如美玉。日日發光輝。　覩子形雖賤。誰知德內充。天心終護善。衣食自豐隆。愛物功何溥。勤身道有容。相形先相德。此理合神功。　貴相堂堂神骨清。貧容窮貌體常輕。要知相物之元本。先相心田後相形。唐宋齊邱玉管照神局

論疾病死生之相

病人眼有神氣者生。氣脫者死。天柱正、目活者生。目抵項下、或眼光射出者死。瘦而不枯瘁者生。肥而無血色者死。有喜容而色正者生。悲啼者死。舌濡潤者生。舌短縮者死。風而口噤者生。口閉者死。神光上黃明者生。暗者死。黑氣如散雲者生。聚者死。黃紅如浮雲者生。黑氣入耳者死。氣寬而長者生。短氣者死。語聲響滑者生。短澀者死。人中潤澤者生。枯乾者死。十指紅潤、準頭明朗者生。天庭黑、山根青、竹衣生兩耳、髭鬚似鐵條、指甲黑者、皆主死。唐宋齊邱玉管

五臟有五氣。五氣各有時。春三月、白氣入口耳鼻者死。此得囚死色也。餘皆倣之。凡看病人、靑色從上入下者易瘥。從下去上者難愈。凡常白忽黑、常黑忽白、常肥忽瘦、常瘦暴肥、神魂常靜、而恍惚似醉者。色澤常淸、而忽昏濁如黯者。豐足不常之變。盡爲卒死之兆矣。病人目冥冥妄視、舌卷縮者。謂之心絕。卽日死。面色慘黃、脣靑短縮者。謂之脾絕。不出十日死。齒牙乾焦、耳黑而聾者。謂之腎絕。不出旬日死。口張不合、眼睛反惡者。謂之肝絕。不出旬日死。皮膚枯槁、鼻黑孔露者。謂之肺絕。不出旬日死。凡人目下五色倂起者。不出十日死。髮直乾脆者。不出半月死。面黑忽如馬肝、望之一如靑龍之黑。不出三日死。塜墓發黑色者死。年上橫黑氣者死。後周王朴太淸神鑒

凡看五色。必須按四時判之。乃驗。春三月、靑色旺。赤色相。白色囚。黃黑二色皆死。夏三月、赤色旺。白黃二色爲相。靑色死。黑色囚。秋三月、白色旺。黑色相。

照神局

赤色死。青黃為囚。冬三月、黑色旺。青色相。白色死。黃赤為囚。若五行之色、得旺相者吉。得囚死者凶。此不僅看病人之色。當如是也。照膽經

論各省人相不同

山川粗秀。百里不同。此人生形性。所以有厚薄重輕清濁之異也。閩山清聳。人俗於骨。故閩人不相骨。浙水平而土薄。人俗於清。故浙人不相清。胡土重厚。人俗於鼻。故北人不相鼻。西域人亦不相鼻。淮水泛濁。人俗於重。故太原人不相厚重。若宋人俗於口。故宋人不相口。蜀人俗於眼。故蜀人不相眼。魯人俗於軒昂。故魯人不相軒昂。江西人俗於色。故江西人不相色。又云。浙人之氣、重而不明。淮人之氣、明而不重。南人之氣、清而不厚。北人之氣、厚而不清。又云。南人北形。富貴高名。北人南形。產業如傾。如此之類。皆風土致異故也。唐宋齊邱玉管照神局參後周王朴太清神鑑及照膽經

論天相

古詩云、氣短精神漫眉濃目色昏。髮焦唇更白指日拌青山。　黯黑雲烟起。形虧骨不完。眼斜神更亂。四九歸冥空。　肉重皮膚急。神强氣不舒。結喉連露齒。夭折在中殂。　口細胸脯凸。頭低視不昂。肥人如氣促。妻子守空房。

論壽相

古詩云、肉緩精神爽。如龜背脊豐。雙條垂項下。此壽比椿松。　耳大分城廓。人中深更長。眉高毫出白。宜入老人鄉。　古貌雙眉起。神清眼更深。自然期上壽。何必問三壬。　安坐腹如囊。唇紅口更方。氣寬皮肉厚。享福坐高堂。壽堂深一指。知是老人鄉。眉耳毫長白。閒居百歲長。（以上藝術典相術部）

論女人九善

（凡相婦女。須令先行數十步。或於無意中相之。尤妙。）

頭圓平額爲一善。骨細肉滑爲二善。髮黑唇紅爲三善。眼大眉秀爲四善。指纖掌軟。紋如亂絲爲五善。語聲小圓而清如流泉爲六善。笑不見睛、口不露齒爲七善。行步詳緩、坐臥端雅爲八善。神氣清媚、皮膚香潔爲九善。女人有此九善。必主高貴。

論女人九惡

醜面突顴爲一惡、主妨夫。結喉露齒爲二惡、主招橫禍。蓬頭亂髮爲三惡、主下賤。蛇行雀步爲四惡、主貧賤。眉逆橫交爲五惡、主妨害六親。鼻下勾紋爲六惡、主妨尅兒男。目露四白爲七惡、主毒害兇狡。雄聲焦烈爲八惡、主剛暴再嫁。生髭黑子爲九惡、主頑賤喪子。女人有此九惡。不可同居。（以上太清神鑑）

珊按。婦女之相。得九善者、固可膺福。得九惡者、何嘗不可免禍。只須謹遵儀禮之三從、勉效曹家之四德。則九惡潛消。千祥雲集矣。

論女富貴

鼻直如懸膽。脣方口似胚。眉疏幷眼秀。齒白更方頤。耳聳垂珠軟。神和色又怡。額方分日月。體白潤香肌。坐穩如山立。神嚴不去卑。莫言當自貴。更主子孫奇。（太清神鑑）

論女貧賤

頟窄又高眉。唇掀口不齊。面輕身鐵硬。體薄更無威。耳小垂珠淺。鬈毛鼻骨低。哭形須再嫁。鬼臉定無兒。淫光生眼角。嫉妬更姦欺。莫言今受苦。晚歲更羈恓。同上

論女人之相有八字祕訣

一見可敬者、貴壽而生男也。有威媚態、精神端肅、聲音和諧、坐視平正、得純和之氣、故也。　一見可重者、貞潔而載福也。精神肅穆、舉止端莊、腰圓背厚、面方胸闊、聲音清朗、言語溫雅、肅然不可犯。　一見可喜者、邪蕩而易誘也、行動多風流媚態、令人有所思想也。　一見可輕者、貪薄而妖賤也。行如蛇、坐如斜、言語癡、笑容諂。　一見可畏者。剛强而欺心也。聲濁面横、頟闊顴高、雀步蛇睛、似男子氣象也。　一見可恐者、刑尅而惡極也。男聲。蜂目。狼顧。　一見可惡者、醜陋怪臭硬也。醜者、蛇形魚胸、掀唇露齒。眼白多。鼻孔仰。行如

奔。語聲破。陋者、搖手擺頭。咬指行斜。怪者、顴高眼深。髮短指齊。目凹。唇有鬚。臭者、身臭、口臭、狐臭、陰臭。硬者、身硬、手硬、口硬、髮毛硬也。　一見可駭者。螺紋鼓角脈也。螺者、陰戶內旋、有物如螺也。紋者、竅小、實女是也。鼓者、無竅如鼓。石女也。石名為陰脡。角者、陰戶有物如角。脈者、一生經水不勻、及崩帶下漏等情是也。（相圖秘旨）

論生產

女面赤色主有產厄。（唇紅不忌、）唇齒不蓋。終有妨害。女人面上黃。懷孕得平康。人中發黑紫。婦孕必生雙。孕婦左邊青色至、是男。右畔紅色至、是女。色明艷易生。色枯槁難產。臨盆日近。只看右手掌心、明潤紅色主產男。青白主女。仔細觀察。莫不奇驗。（藝術典相術部彙考）

論小兒之相

兒初生、叫聲連延相屬者壽。　叫聲絕而復揚、急促者不壽。　啼聲散者不成人。啼聲浮者不成人。臍中無血者壽。臍小者不壽。通身軟弱、如無骨者不壽。鮮白長大者壽。初生自開目者不成人。目視不正數動者。大非佳兆。汚血者多厄不壽。汗不流者不成人。小便凝如脂膏者不成人。常搖手足者不成人。早坐、早行、早齒、早語、皆爲惡性。不是佳兆。頭毛不周匝者不成人。髮稀少者不成人。額上有旋毛者早貴。惟妨父母。耳後小高骨、名玉枕又名玉環骨。高起者壽。兒生枕骨不成者、能言語而死。尻骨不成者、能倨而死。踵骨不成者，能行而死。臏骨不成者。能立而死。如魚口者死。股間無生肉者死。陰入如無者死。陰囊下白者死。赤者亦死。卵縫通達黑者壽。兒小時、識悟通敏過人者多夭。小兒預知人意、迴旋敏速者夭。（藝術典相兒經）

論嬰兒貴賤壽夭之相

孩童可養。聲大有神。夭折難成。腎浮不緊。頭圓骨聳。易長而利益雙親。額方面長。安穩而吉祥迭至。山根青氣。出世累見災危。鼻上赤色。初歲多生膿血。陰囊若荔實必爲堅耐之兒。面肉類浮漚、乃是虛花之子。頭扁無腦骨、能言而亡。目滯欠精神、能行而夭。鼻梁低小、常有啾唧之災。髮際壓遮、每爲孤刑之子。眉頭牽額、利處山林。面陷無顴、難居家宅。孤峯獨起、骨肉參商。兩眉散亂、妻兒隔角。眉不蓋眼、一生財耗。目大露光、數歲夭折。下輕上重、末主伶仃。上闊下尖、晚無結果。再觀耳門、闊大主壽。細聽聲音、響喨主壽。神氣有餘、而好戲耍者。衣服整齊、而發言清爽者、皆主富貴。反此多主貧賤。陰如截筒者貴重。陽大者蠢愚。此又不可不知也。（藝術典相術部彙考）

論小兒疾病之氣色

凡小兒疾病。看其氣色。先看山根年壽。後看命門口唇。（命門、主壽考、即耳前骨也、）見青色者、五日死。見黃色者、三日死。人中黑、休望再活。印堂赤、難許退災。天倉赤、不是好色。（天倉、在魚尾奸門之外旁、）地閣黃、必死無疑。

若目光散、而唇青黑。即刻身亡。倘命門與人中俱白、印堂色黃。天倉赤退、口唇見白、旬日病愈得生。至於痘疹、當看耳尻、耳輪、耳珠。（尻、首考、脊骨盡處也、）此三處皆宜明潤。最忌黑暗。若頭皮項皮色赤。主十九死也。柳莊語

人倫大統賦

四庫全書人倫大統賦提要云。臣等謹按人倫大統賦二卷。金張行簡撰。行簡字敬甫。莒州日照人。禮部侍郎暐之子。大定十九年進士。累官禮部尚書、翰林學士承旨、太子太傅。贈銀青榮祿大夫。謚文正。事蹟具金史本傳。行簡世爲禮官。于天文術數之學。皆所究心。史稱其文章十五卷。禮例纂一百二十卷。會同朝獻禘祫喪葬。皆有記錄。及清臺、皇華、戒嚴、爲善、自公等記。藏於家。而獨不載是書之目。黃虞稷千頃堂書目。有人倫大統賦一册。亦不著撰人姓名。惟永樂大典所錄、皆題行簡所撰。且有薛延年、字壽之者、爲之注。序末稱皇慶二年。皇慶乃元仁宗年

號。與金時代相接。所言當必不誤。蓋本傳偶然脫漏也。其書專言相法。詞義頗爲明簡。延年序謂提綱挈領。不下三千言。囊括相術殆盡。條目疏暢而有節。良非虛譽、惟意欲自神其術。中間不無語涉虛誇。此亦五行家附會之常。不足爲病。至延年之注。雖推明詳盡。而於不待注而明者。亦復概行贅入。冗蔓過甚。轉不免失之淺陋耳。原本卷帙無多。而檢勘尾首完具。當爲足本。金元著述傳世者稀。今特加釐訂。著之於錄。庶考術數者。尙得以窺其崖略云。乾隆五十年二月、恭校上。總纂官臣紀昀。臣陸錫熊、臣孫士毅。總校官臣陸費墀。

珊按、提要謂人倫大統賦。專言相法。詞義頗爲明簡。至延年之注。雖推明詳盡。而於不待注而明者、亦復概行贅入。冗蔓過甚。轉不免失之淺陋。珊謹遵此旨備載張賦。而薛注則擇要錄存。免致冗蔓、惟全賦文字頗長、茲略分章節、稍加音釋、蓋爲便覽云爾、丁丑春初樹珊謹識。

總論第一

骨肉。神氣。四瀆。五官。六府。性行。身材。

貴賤定於骨法。憂喜見於形容。悔吝生於動作之始。成敗在於決斷之中。（註）凡人之稟氣結胎、貴賤修短吉凶、皆定於骨法也骨爲君肉爲臣骨肉欲其相輔爲貴骨露肉薄者、主於下賤、故貧賤富貴皆由氣稟所致則鬼神不能移聖賢莫能易也、古今來積大陰德之人、有凶易吉者、損大陰德之人亦有吉易凶者、詳見本書叢譚、憂喜乃未來之事人莫能知、憂喜未分則氣色朝夕發於面部、其吉者著喜色、凶者著凶色、青憂疑、赤口舌、白哭泣、黑死墓、黃喜慶、故吉凶表之於形容、易云吉凶悔吝生乎動、是以貴人之相、行若浮雲、坐如定石、端厚謹言、性情寬逸、反此者多主貧賤、成敗者得失之本也、人有所謀、必須剛斷、不可狐疑、古云當斷不斷、反招乎亂、是也、

氣清體羸、雖才高而不久。神強骨壯、保遐算以無窮。顏若冠玉、聲若撞鐘。（註）羸音纍、瘠也、氣清體羸、常以不病似病、謂之形神不足、雖有高才、遠不若神強骨壯之大壽、人之顏色、不以青黑爲賤、不以紅白爲貴、須要似美玉之溫潤乃貴、然不欲嫩、鬼谷子云、色嫩氣嫩、邪人也、縱有成立、亦不長久、鐘聲有餘韻良久不絕、凡人之聲、貴乎

幽遠、出於丹田之中、若淺短蹇澀破敗、皆主賤夭、　四瀆須宜深且闊。五嶽必要穹與隆。五官欲其明而正。六府欲其實而充。一官成、十年貴顯。一府就、十載富豐。

（註）四瀆、耳爲江、口爲河、眼爲淮、鼻爲濟、須要深闊崖岸、五嶽、額爲南嶽衡山、鼻爲中嶽嵩山、頦爲北嶽恆山、左顴爲東嶽泰山、右顴爲西嶽華山、五嶽俱要峻極豐隆、五官、口爲出納官、鼻爲嗅臭官、耳爲審聽官、目爲監察官、人中爲保壽官、欲其明而端正、不宜孤露偏斜、一云、眉爲保壽官、鼻爲審辨官、耳爲採聽官、口與目仍同上說、　房玄齡龍目鳳睛、三台位列。班仲昇鷰頷虎頸、萬里侯封。

（註）龍目、若懸珠、光芒不動、如寒潭秋水、鳳睛、前背圓、後背長、目若刀裁、黑白分清、瞻視平遠、房玄齡、字喬、唐之名相、臨淄人、太宗爲秦王時、玄齡爲記室、從征伐、富有謀略、太宗比之蕭何、累官尚書左僕射、居相位十五年、舉賢才、興文教、致貞觀之治、卒年七十一、封梁國公、諡文昭、　燕頷、即頷平環滿、地閣闊大、虎頸、即頭頂方隆、色澤光瑩、班仲昇（後漢書昇作升、鷰作燕、）名超、東漢安陵人、彪之子、少有大志、家貧、傭書養母、其後行詣相者、曰、祭酒布衣諸生耳、而當封侯萬里之外、超問其狀、相者指曰、生燕頷虎頸、飛而食祿、此萬里侯相也、

明帝時、使西域、服西域五十餘國、任西域都護、封定遠侯、和帝時、年老受代還、在西域三十一載、卒年七十一、　英眸兮掣電、豪氣兮吐虹。若賦性粗惡、禍必及。如修德惕厲、祿永終。（**註**）英眸者、瞻視儼然、目若掣電、豪氣者、言辭磊落、志氣崢嶸、若吐虹蜺、虹音洪、蜺與霓同、讀如霓、乃太陽光線、與水氣相映、現於天空之彩暈也、雨後新霽常見之、　上長下短、兮萬里之霄漢騰翼。下長上短兮一生之踪跡飄蓬。（**註**）凡人之身、若腰長、腳短、如鵾鵬飛騰霄漢、摩空萬里之間、往還無所滯也、若腳長腰短、則飄零流落、於他邑也。

論額第二

惟人稟陰陽之和。肖天地之狀。足方兮象地於下。頭圓兮似天為上。音聲比雷霆之遠震。眼目如日月之相望。鼻額若山嶽之聳。血脈如江河之漾。毛髮兮草木之秀。骨節兮金石之壯。（**註**）此乃略論全身、　欲察人倫。先從額相。偏狹兮賤夭。足惡聳闊兮富貴可尚。若見伏犀之骨、定作元臣。如有額道之紋、決為上將。（**註**）伏犀骨、自印堂至天中、隱隱骨起、直入髮際、光澤無破、必作公卿、領首紋者、由左邊地至右邊地、見橫直之紋、如刀痕狀、別無紋理衡破、定爲將帥、　右偏母妨。左偏父喪。山林豐廣多逸豫。邊地缺陷足悽愴。覆如肝而立如壁、壽福實繁。聳若角而圓若環、食祿無量。（註）山林在前額左眉角上、邊地卽邊城在左額眉梢之上、額若覆肝而平、或如立壁而直、主多福壽、若額聳若角、其圓如環、主食天祿、　塵蒙而身無所費。玉潤而名高先唱。豐隆明者生必早達。卑薄暗者死無所葬。福堂之上氣暗慘、幼歲多迍。驛馬之前色黃明、壯年受貺。（註）迍音屯、難行不進貌、貺音況、賜與也、光寵也、額若無潤澤之色、如塵垢蒙覆、無甔石之儲、額如美玉之溫潤、主聲聞淸高、豐隆光明者、主少年顯達、福堂在眉上、又云、福堂卽印堂也、驛馬在邊地下、眉尾後、　色貴悅澤、紋宜舒暢、貧薄孤獨、曲水漫浪。（註）悅澤、指氣色言、謂光澤則悅也、舒暢、指紋理言、若亂紋薄額、縱橫相交、謂之曲水漫浪、與舒暢迥異、故主孤獨、　居侯伯者、偃月之勢、處師傅者、懸犀之象。鼎足三峙、列三公以何疑。牛角八方、廁八位而無妄。（註）廁讀如次、間也、次也、額如偃月勢者、謂額有雙峯、上如偃月、主公侯伯子男之爵、額有懸犀者、其懸犀骨在福堂上、高隆若角、直接山林、主處師傅之位、鼎峙三足者、額有伏犀骨、日月角俱起、若鼎之三足、主位列三公、牛角八方者、蓋額有八骨、乃伏犀骨、日月角骨、邊地骨、龍角骨、虎角骨、牛角骨、福堂骨、印堂骨、有此八骨者、必登廊廟、通達八方、

珊按、伏犀骨、在印堂之上、直達天中、日月角骨、在左右額眉角之上。邊地骨、在左右額眉梢之上、偪近髮際。龍角骨、在日角之左、虎角骨、在月角之右。牛角骨、在中正兩側。福堂骨、在兩眉梢上。印堂骨、在兩眉中央。總之、骨宜豐隆、而忌塌陷耳。

論眉第三

觀夫眉宇寬廣。心田坦平。狠愎者低凹其骨。狂狷者陡高其稜。（註）愎音弼、狠戾也、狷音絹、褊急也、介也、有所不爲也、凹、音坳、凡物之低下者曰凹、骨指眉骨言、稜指眉稜骨言、　麤厚愚魯。秀濃慧明。短不及目者貧賤。長能過眼者寵榮。尾散者貧財難聚。頭交者身命早傾。中心直斷。惠性少。兩頭高仰壯氣橫。毛直性狠。毛

逆禍生。覆目柔軟而少斷。偃月高揭而好爭。（註）偃、烟上聲、仆也、揭、音結、舉而豎之也、　扣促無間、傷蜉蝣之短晷。（註）蜉蝣、蟲名、長六七分、頭似蜻蜓而小、有四翅、後翅甚小、體細而狹、尾毛有三、細長如絲、夏秋之交、多近水而飛、往往數小時即死、故有朝生暮死之說、　毛長及寸、享龜鶴之遐齡。（註）頭交及扣促無間、皆眉頭交鎖印堂之謂也、多主壽夭、中心直斷，謂眉中間直斷、或紋破者、主無慈惠之心、毛指眉言、長及寸者、謂之壽毫、四十歲後生者主壽永、

論目第四 女人附

欲察神氣。先觀目睛。賢良澄澈。豪俊精英。性端正者、平視無頗。情流蕩者、轉盼不寧。黃潤定至於黃髮。白乾終至於白丁。（註）眼睛黃潤、髮白而稍黃者、主壽考、眼若乾而不秀、終作白衣之士、　顧下言徐、叔向知其必死。視端趨疾、魏士見乎得情。（註）昭公十一年夏五月、單子會韓宣子於戚、視下言徐、叔向曰、單子其將死乎、朝有著定、失則有缺、今單子為王官伯、而命事於會、視不登帶、言不過步、無守身之氣、死將至矣、

是年冬、單子果卒、智伯率韓魏之兵而攻趙、以水灌之、城不浸者三版、城降有日、智伯之臣絺疵、見桓子與康子、俱無喜志而有憂色、絺疵謂智伯曰、二子必反矣、智伯不聽、明日智伯以絺疵之言告二子、二子曰、此夫讒言使主信、懈於攻趙也、二子出、絺疵入曰、主何以臣之言告二子、智伯曰、子何知之、絺疵對曰、臣適見二子、視臣端趨疾、知臣得其情故也、智伯不悛、絺疵請使於齊、後二子與趙襄子約定、決水反灌智伯之軍、其軍大敗、殺智伯、盡滅智氏之族、　神陷短壽。睛凸極刑。（註）凸、豚入聲、凹之反、凡物高出者、皆曰凸、　斜眄者人遭其毒。癡視者自尅其形。淫眼神蕩姦心內萌。（註）眼神流蕩而不收、其人必淫、目神若塵垢之蒙、其心必姦、　睡眼神濁而如睡。驚眼神怯而如驚。病眼神困、而如病未愈。醉眼神昏、而如醉不醒。豁如視而有威、名揚四海。迴然驚而不瞬、神耀三清。（註）豁如、神藏貌、九夷八狄七戎六蠻、謂之四海、迴然、突然也、道家以玉清、上清、太清、爲三清、皆仙家所居之府、　皆圓者其機深於城域。堂露者厥子乃是螟蛉。（註）皆謂目眶、堂謂淚堂、露謂破露、　犬羊鵝鴨何足算。鷄鼠蛇猴奚可評。豕視心貪而多欲。狠顧心狠而難名。（註）古本貪作圓、多欲作無定、猪眼朦朧、黑白不明、狠顧、謂迴顧而身不轉也、　後尾有如刀裁、文斯博雅。前眥似乎鈎曲、智足經營。（註）眼後魚尾長遠、若刀裁之狀者、主多文、眼前眥若鈎曲之狀者、主多智。　惟女賦質與男異。禎和媚有常者貴重。圓凸不秀者賤狂。臉薄赤而少節。睛瑩澈而多貞。（註）臉、音檢、目下頰上也、薄赤者主少節、目睛澄澈、湛然若水者主多貞、　眼下氣青夫必哭、尾後色白男必憎。三角多嗔、爲妨夫之霜刃。四白帶殺、作害子之青萍。（註）婦人眼有三角形者固凶、目露四白、赤縷貫睛者尤凶、霜刃青萍、皆指劍也、

論耳第五

惟耳者、主聲音之聽聞。爲心腎之司牧。觀其形狀顏色。見乎休咎榮辱。垂珠朝海、必延算而餘財。偃月貫輪、終朝王而執玉。（註）耳珠朝口爲朝海、主富壽、耳有城郭、如新月偃仰爲貫輪、主貴顯、　圓而成者和惠。偏而缺者慘酷。其薄如紙兮貧早死。其堅如木兮老不哭。白而過面、主聲聞之飛騰。瑩且如輪、主信行

之敦篤似猪者、不聽而貪婪。如鼠者、好疑而積蓄。（註）婪、音嵐、貪也、耳雖大、無輪郭、又無垂珠、謂之猪耳、鼠耳本小、有郭無輪、　輪靨雖明、假學則貴。孔毛能長、善持不覆。（註）假借也、假學、謂須借學術以博貴也、孔毛、謂耳中所生之毫、主壽、不覆、謂不顚危也、　性譎詐而難測、蓋謂如猴。糧匱乏而靡充、卒由似鹿。（註）猴耳尖而向前、耳門窄小、主譎詐奸猾、鹿耳之形、如蓮瓣之狀、主輕財尚義、　薄而向前、賣盡田園。反而倒後、居無室屋。昏暗難議乎登第、焦枯屢歎其空軸。（註）耳色昏暗、耳色焦枯、皆主貧困、軸、爲織具、空軸、謂無所用之也、　壽越眉兮貴噀血、聰明潤兮富貼肉。（註）噀、音巽、含水噴也、耳過於眉爲越眉、其色鮮紅如噀血、主大壽、耳色明潤貼肉、主富足、　輪靨生乎黑子、智足經邦。門輔起乎匿犀、功當剖竹。（註）耳前輪生黑子者、固貴、耳門骨藏豐滿者、謂之匿犀、尤貴、

論鼻與人中第六

惟鼻者、號嵩嶽、以居中。爲天柱、而高矗。（註）矗、音觸、高起也、　梁貫乎豐隆

貫額。色貴乎榮光溢目。皺小慳劣頭低孤獨。（註）頭、謂準頭也、 斜如芟藕之狀困乏瓶儲。圓如懸膽之形榮食鼎餗。（註）芟音衫刈草也、餗音速鼎食也、膳也、

青黑多凶。黃明廣福。柱缺終身難薦鶚。梁斷三十當畏鵩。（註）鶚、鵰屬也、天柱缺者難薦鶚、謂不得仕進也、鵩音服、鶚屬鵩鳥乃不祥之鳥、如人見之必死、言其凶也、梁斷謂鼻梁斷也、主壽短、

大而滯者爲商旅。小而狹者作僮僕。（註）鼻雖大、其色滯爲商旅可獲利、鼻小而狹只作僮僕而已、

極貴之色似老蠶之光明。下愚之人若蜣蜋之局促。（註）準頭黃明、主極貴、鼻短低凹、若蜣蜋局促、主下愚、蜣蜋俗謂運屎蟲也、

完美宜官。破露憂獄。準頭隆者誠信。法令深者嚴肅。（註）準頭、即鼻尖也、法令、乃鼻之左右紋也、

疾病尖薄慳吝小縮。蘭臺明兮庭旅實井竈露兮廚無粟。（註）庭宮中旅衆也、實者富也庶也、蘭臺井竈、謂鼻孔也、

骨如橫起、忌與結於友朋。紋若亂交愼勿爲乎眷屬。（註）鼻骨橫起者、不宜相親爲友、鼻上紋理亂交者、必詭行、雖父子不同其心、若是女子、莫爲眷屬、

夫人中者溝洫之態。深則疏導淺則滯延。淺短絕嗣而夭命。深長宜子以遐年。黑子難產乎蓐上。橫紋殍死於道邊。（註）人中有黶者、婦主難產、蓐音辱、俗謂草薦也、山根有橫紋截斷、當餓死於道傍、

上狹下廣兮多後旺。下狹上廣兮屢孤眠。（註）後旺、謂晚發子多，孤眠謂鰥夫無子、

深長者誠信著。寬厚者功名先。微如一線之絣、身塡溝壑。明猶破竹之仰、家世貂蟬。（註）人中微窄如一線之絣痕者、主死塡溝潤、絣音崩、以繩直物也、人中形如破竹之仰者、主高貴、貂蟬、貴人輿服也、

論口唇齒舌第七

唯口者、語言之鑰。是非之關。禍福之所招。利害之所詮。端厚寡辭者、定免乎辱。誹謗多言者、必招其愆。肥馬輕裘、由方成於四域、（註）口若四字之形、出將入相、蓋大容於一拳。（註）口大能容其拳、

唇欲厚。語欲端。音欲朗。色欲鮮。上下紋交子孫衆。周匝稜利仁信全。噀血餘貧、似括囊而貧薄。含丹多藝、如吹火以酸寒。（註）噀血、含丹、皆謂色鮮紅也、括

囊、謂口如括結之囊、吹火、謂口如吹火之形、　合勢欲小。開勢欲寬。狗貪馬餒。鼠饞蜂單。（註）凡人食物若似狗之貪食、馬之喃草、鼠蜂之偸食、皆主下賤、　大言寡信者略綽。無機促齡者偃蹇。（註）略綽謂唇無稜理、上下不相當也、偃蹇謂人中蹇起、下唇越上、　青黑禍發。黃白病纏。左右紋粗定凶惡。上下急蕩多迍邅。（註）口之左右、忌見粗紋、急蕩者、謂不言而唇自動、　如鳥喙者高人多難。共處同劍鐔者、義士可與交歡。（註）鳥喙、上唇尖也、鐔音潭、劍鼻也、卽劍之隔手、

惟壽算之前定。以牙齒之可觀。康寧者齊且密。賤夭者疎不連。上覆下兮少困。下掩上兮老鰥。（註）上覆下、謂上牙蓋下牙、下掩上、謂下牙蓋上牙、　班馬文章、白如瓠犀之美。（註）班謂班固、東漢人、彪長子、字孟堅、博通載籍、明帝時、典校祕書、續成父之西漢書、時人比之遷董、永元初、因事繫獄、遂死、時年六十一、馬謂司馬遷、漢人、字子長、生於龍門、父談爲太史公、遷繼父業、李陵降匈奴、武帝怒甚、遷極言陵忠、下腐刑、乃紬金匱石室之書、上起黃帝、下止獲麟、作史記、序事辨而不華、質而不俚、劉向、揚雄、皆稱爲良史之材、瓠、皮遙切、犀、

晉西詩云碩人齒如瓠犀言瓠中之子密排潔白而整齊也、　喬松壽考、瑩如崑玉之堅。（註）享喬松之壽者、其人齒白瑩堅、如崑山之美玉也、　當門二齒缺、則命蹇於沒世。學堂一官全、則聲聞於天下。（註）當門二齒爲學堂、缺者一生蹇滯、若大而明者、主享盛名、　焦黃困乏鮮明足錢。二十四兮命折、三十六兮壽延。（註）二十四齒、疎而不連者夭、三十六齒、緊而密者壽、　尖若立錐、必乏衣食之士。齊如編貝、優登廊廟之賢。（註）齒尖如錐者赤貧、齊如編貝者大貴、編貝海介蟲也、色最瑩白、

惟舌者、以短小薄鈍爲下、以長大方利爲先。方長者咳唾成玉。短小者皂隸執鞭。黑子凶惡、粟粒榮遷。（註）舌上有黑黶者惡、舌上有粟粒者榮、　黯紫布衣而肘露。鮮明金帶而腰懸。（註）黯紫鮮明、皆以舌色言、　七星理明、可享千鍾之祿。三川紋足、必食萬戶之田。（註）舌上有七星黶者、貴爲上卿、舌上有川字紋者、富擁萬戶、

論肥瘦第八

尤爲瘦人項短致災殃。肥人項長必夭橫。如罌如瓶總非吉。似鵝似豕皆不令。（註）罌瓶、皆爲瓦器、項下垂若器者非吉兆也、　鵝項太長。猪項太短。（註）咸不得中也、　豐圓厚實多財產。光隆溫潤足權柄。瘦人結喉身孤兆。肥人結喉刑尅證。項後豐起定爲厚福之人。頷下纍垂永保遐齡之慶。（註）項後豐起、謂項後之骨豐而起也、頷下纍垂乃項上有橫紋轉通也、一名壽纍、皆主福壽、

論背第九 肩膊附

夫背所貴者豐隆。身乃恃而安定。貧夭絕嗣者、偏側欹斜。富貴有後者、闊厚平正。勢若據山之蹲虎、利賓於王。形如出水之伏龜、考終厥命。（註）背勢似山中坐虎、有威力者、足爲王佐賓友之臣、背如出水之龜者、則壽考善終矣、　龍骨欲長而充實。虎骨欲短而堅硬。（註）龍骨者臂、虎骨者膊、上壯下細者爲龍吞虎、下壯上細者爲虎吞龍也、　鳶肩者騰上必速。恐不多時。犀膊者爲儒早亨、優於從政。（註）鳶爲猛禽、形態與鷹略同、惟嘴較短、尾較長、飛翔時翼不頻動、若靜旋空中有所搏擊、

則自空疾下鳶肩、謂肩升出也、膊音博、臂爲近肩之上膊、肘以下爲下膊、與手掌相連處謂之宛、因其宛屈也、犀獸名、較象略小、角生鼻端、角堅緻、可以製器、國醫用爲藥品、犀膊謂豐而圓厚也、

論手第十

指節欲其纖直。腕節欲其圓勁。厚而密者、謀必有得。薄而疎者、心多不稱。勢若排竿貴可羨。色如噀血富可競。身卑才薄、涉中滿而起傾。祿厚官榮、有駟馬之形勝。（註）掌之中心澆薄、周圍而起骨、謂之起傾、主身卑學寡、掌厚背厚、而掌中有印旗之紋、主名高學富、 橫紋下愚。縱理慧性。（註）橫紋而短者愚、縱紋而長者慧、 骨露筋浮者憂身賤。（註）一本憂作主、 皮堅肉枯者愁囊罄。家殷而黑子斯明。用足而橫紋乃亙。（註）亙居鄧切、俗作亘、竟也、言物之延長、自此端竟彼端也、手心有黑子、或有橫紋通直者、皆主豐富、 富貴之相、若苔之滑、而綿之軟。壽安之人、如筍之直、而玉之瑩。

論心胸腹臍第十一 乳附

心宰視聽。內主魂魄。帥六府之氣。統五臟之神。顏色始變。是非已分。惡則禍結。善則福臻。胸凸者慄而多劣。（註）慄、音草、愁不安也、毛長者剛而好嗔。坑陷淺窄。愚暗而多居下賤。寬平博厚。賢明而早廁縉紳。（註）心爲五臟之主、宅神魂、宰視聽、居形體之內、不可得而見也、其可得見者、心之外表也、心欲寬平博厚、不欲坑陷窄狹、寬博者智慮深、狹窄者愚賤多、若胸膺骨高起、或胸堂上生毛者、性情慄劣、非賤卽愚、若乳上有毛三根以上、十根以下、或乳頭像棋、皆主足財、

腹爲水穀之海。臍爲筋脈之源。包萬物而獨化。總六府以中輪。圓厚富安。儉薄食乏。深寬富貴。淺窄孤貧。勢若垂囊。風雷四方之震。深能容李。芝蘭千里之聞。（註）腹大而圓、臍廣而深、非富卽貴、若腹垂如囊、臍深容李、更爲上乘、反此則不足稱矣、月波洞中記云、臍欲深闊、不欲淺凸、紫黑者爲上、有橫紋者主壽、臍生毛者大貴、生近陰者下賤、

論足第十二

足者枝之謂。身者幹之云。枝以蔽其幹。足以運諸身。豐厚方正者多閒暇。薄

澀橫直者必苦辛。無紋身賤有毛家溫。（註）足底無紋者極賤、足面有紋者小康、富累千金蓋有弓刀之理。官封一品由於魚鳥之紋。（註）足底有刀弓之紋者鉅富、有魚鳥紋者大貴、玉管照神局曰、貴人之足小而厚、賤人之足薄而大、

論形神第十三

短小精悍者、形不足而神有餘。長大孱懦者、形有餘而神不足。（註）悍音翰、勇也、凶暴也、孱音潺、愞弱也、伊形神而俱妙非賢聖而孰得。（註）一本得作能、形者發乎外、神者藏於內、其形神俱妙者、非聖賢孰能得之、藏於內者、如淵珠之粹。發乎外者、若焰光之燭。（註）神藏於內者如淵珠、神發乎外者如焰燭、貴賤懸殊、善惡在人之憎愛清濁由目之照矚。（註）人之善惡、皆已著於目神、美則人愛、惡則人憎、若分清濁瞻視、則更明顯矣、質以氣而宏充氣以神而化育。質寬則氣宏而大。神安則氣靜而覆。（註）質者形也、人之以氣而養形、故以神生氣、如是寵辱不足驚。喜怒不足觸。有氣無肉者、譬若寒松。有肉無氣者、譬若蠹木。李嶠

耳息而享百齡。孟軻內養、而輕萬斛。（註）李嶠字巨山、趙州贊皇人、年十五、通五經、有文辭、事唐高中武后中睿玄五朝、官至特進、同中書門下、因事貶滁州、改廬州別駕、卒年七十、並非百齡、孟軻字子輿、戰國鄒人、受學於子思之弟子、著孟子七篇、其說尊王賤霸、重仁義、輕功利、創性善之說、謂人皆可以爲堯舜、又謂我四十不動心、我善養吾浩然之氣、後世稱爲亞聖、言亞於孔子也、

和柔剛正之爲君子。陰狹急暴之爲士卒。如龜之息兮、保其遠大。如馬之馭兮、重其馳逐。（註）龜息、氣自耳出、一呼一吸、謂之一息、龜息之細渺然不可聞、蓋能養其氣如龜息者、可保長年之壽、如馬馭駕者、其氣息必不甚平、則一生有馳逐之勞矣、

論聲音第十四

身大音小禍所隱。身小音大福所伏。夫聲音之所發。自元宮而乃臻。於心氣以相續。（註）元宮卽丹田、在臍下三寸、

琅然其若擊石。曠然其若呼谷。斯乃內蘊道德。終應戩穀。（註）戩音翦、盡也、戩穀謂盡善也

謂之羅網者、乾濕不

齊。謂之雌雄者、大小相續。或先急而後緩。或先緩而後速。是謂粗俗之卑冗。焉遂風雲之志欲。

論氣色第十五

辨四時之氣。如春蠶吐絲之微微。察五方之色。若浮雲覆日之旭旭。地閣明而饒田宅。天嶽暗而罹桎梏。（註）罹、音離、遭也、桎、音質、足械也、梏、音谷、手械也、地閣在下頦正口、承漿之下、天嶽在面部天中左右、明而饒田宅、暗而罹桎梏、皆指氣色言、粟黃繒紫多豪貴。脂白瓜青合賢淑。（註）粟黃者、如粟粒之點、嬌黃也、繒紫色、如紫線之亂盤也、其白如脂、其青若瓜、皆指面色言、若相者精究其術。而妙悟於神、安逃禍福。（註）辨四時之氣者、別其氣之五色所屬也、青紅黃白黑、乃四時之正氣也、在於皮者謂之色、皮裏者謂之氣、氣者如粟如豆、如絲如髮、藏於紋理之中、隱於毛髮之內、細者如春蠶之絲、欲察五方、正如浮雲覆日之微、在乎熟詳而辨之、

冰鑑七篇

民國丙子夏張叔同先生元祜。以所印之冰鑑七篇見贈。疑爲湘鄉曾文正公遺著。並謂其行文如尉繚。立篇如素書。要言不煩。與世傳希夷祕傳諸本。夐乎不同。豈僅小道可觀已耶。然珊家藏冰鑑兩種。一爲惜陰堂刋本。南海吳榮光、荷屋氏跋云。余家有冰鑑七篇。不著撰人姓名。宛似一子。世無刻本。恐其湮沒也。觀人之法。孔有焉廋之辭。孟有眸子之論。聖賢所重。吾輩其可不知乎。此篇固切於用。非同泛書。並賞其文辭云爾。未有道光己丑歲、仲春南海曾大經、綸閣氏書、十六字。一爲定遠方濬師子嚴、所著蕉軒續錄。附刋本其序云。操姑布子卿之術者。多矣。四庫所收月波洞中記。太淸神鑑二書。皆稱美備。楚南何鏡海觀察、祺藏有冰鑑七篇。不著撰人姓名。議論微妙。宛似子家。予曾向觀察借鈔之。因世無刻本。特錄於此。鏡海極精相法。其神骨章二註。鬚眉章、聲音章各一註。幷爲列入。苟子非相篇。形相雖惡、而心術善。無害爲君子。形相雖善、而心術惡。無害爲小人數語固千古不磨之論。然視察焉廋聽觀不掩。讀書者能神而明之。未始非甄識人物之一端也。珊又藏有海昌范文元孝子、駜所著水鏡集四卷。康熙朝、姚江黃宗羲爲之序。其書引用冰鑑甚多。卷三且有呂祖曰。脫穀爲糠。其髓斯存。神之謂也。山騫不崩。石爲之鎭。骨之謂也。據此、冰鑑一書。殆爲呂祖所撰。其非湘鄉遺著無可疑義。然此書簡明精當爲諸賢所服膺。其有裨相學可知。玆因拙編告成。敬錄全文。公諸同好。並將何觀察所註採入。間增音釋。不過稍參雜書以便閱覽。非敢續貂也。樹珊謹識。

神骨章第一

語云。脫穀爲糠。（**註**）張本穅作糠、今從吳本、穅音康、穀皮也、　其髓斯存。神之謂也。山騫不崩。（**註**）騫音愆虧也、　惟石爲鎭。骨之謂也。（**註**）此六句上有呂祖曰三字、見水鏡集卷三、第二十五頁、　一身精神。具乎兩目。一身骨相。具乎面部。他家兼論形骸。（**註**）胸腹手足、必須兼論、本書容貌章且明言之、何得謂他家。　文人先觀神骨。（註）論神骨乃相家之古法、非文人所獨知也、　開門見山。此爲第一。相家論神。有清濁之分。清濁易辨。邪正難辨。欲辨邪正。先觀動靜。靜若含珠。（註）此爲眞靜、毫不矜張、　動若水發。（註）發、疾貌、此爲眞動、毫不凌亂、　靜若無人。（註）此爲眞靜、毫不留戀、　動若赴敵。（註）此爲眞動、毫不畏怯、　此爲澄清到底。靜若螢光。（註）此爲假靜、外明內晦、　動若流水。（註）此爲假動、放誕不羈、　尖巧而喜淫。靜若半睡。（註）此爲假靜、迷惘無知、　動若鹿駭。（註）鹿性善驚、故云鹿駭、此爲假動、形色慌張、　別忖而深思。（註）吳張二本忖作才、茲從范本、忖、思度也、　一爲敗器。（註）假靜假動者、　一爲隱流。（註）眞靜眞動者、　均之託跡于清。（註）吳張二本于作二、茲從范本、　不可不辨。

凡精神抖擻時易見。（註）抖、音斗、抖擻、舉貌、俗言精神抖擻、　斷續處難見。（註）張本處作時、茲從吳本、　斷者出處斷。續者閉處續。道家所謂收拾入門之說。不了處、看其脫略。（註）視其始、　做了處看其針線、（註）察其終、　小心者、從其做不了處看之疎節闊目。若不經意所謂脫略也。（註）此仍是神淸、大膽者、從其做了處看之愼重周密。無有苟且。所謂針線也。（註）此仍是神淸、　二者實看向內處。（註）看其行止動作、似外實內、而淸濁可知矣、　稍移外、便落情態矣。情態易見。（註）張本移字上無稍字、茲從吳本、

骨有九起。天庭骨隆起。枕骨强起。頂骨平起。佐串骨角起。太陽骨線起。眉骨伏犀起。鼻骨芽起。顴骨豐起。項骨平伏起。（註）骨之名稱有九、而起之形勢亦有九、須善爲揣摩之、　在頭以天庭骨、枕骨、太陽骨爲主、在面以眉骨、顴骨爲主。五者備柱石器也。（註）此五骨最重要、亦最顯著、　一則不窮。二則不賤。三動履小勝。四貴異。（註）方本異作也、何鏡海註曰、相有骨格、有骨氣、骨格者已成者也、骨氣者未成者也、惟恃目力、此非碌碌者所知也、　骨有色。面以青爲主。少年公卿半青面是也。（註）何鏡海註曰、青面者深思而無情、心忍而志堅、　紫次之。白斯下。（註）骨藏於內、色形於外、此論面色、非論骨色也、　異骨有質。頭以聯者爲貴。碎

次之總之、頭無惡骨。面佳不如頭佳。然大而缺天庭。終是賤品。圓而無串骨。半爲孤僧。鼻骨犯眉、堂上不壽。顴骨與眼爭、子嗣不立。此中貴賤有毫釐千里之別。

剛柔章第二

既識神骨。當辨剛柔。剛柔即五行生尅之數。名曰先天種子。不足用補。有餘用洩。消息直與命通、此其皎然易見、（註）不足用補、有餘用洩二語、不獨論命論相、當明此理、推而至於治國齊家立身處世、莫不皆然、

五行有合法。（註）約言之、木瘦金方水主肥、土形敦厚背如龜、上尖下闊名爲火、五樣人形仔細推、分言之、木形色青不滯、體瘦修長、俱要眉目清秀、精神飽滿、腰背挺直、手指尖、聲音喨、骨多不爲有餘、瘦直不爲不足、此爲木形入格、若頭大體小、上輕下浮、腰背欹斜者、則不足取矣、火形色赤不枯、上尖下肥壯、鬚髮稀、手清秀、腳敦實、動靜不常、反露焦躁、聲音轟烈、此爲火形合格、若面方頭短、髮重頸粗肚小者、則不足取矣、土形色黃不雜、身矮體壯、頭平額寬、胸闊背厚、腹圓聲沈、手掌軟、腳股肥、此爲土形

入格、若眉蹇眼凸、節喉挺胸、肚小脚細身輕者、則不足取矣、金形色白不慘、頭方正、體清潔、肉不盈、骨不薄、眉目清媚而有威、鬚髮稀疎而有秀、臍深腹囊、手細指纖、聲音響喨、此爲金形入格、若頸短喉節、筋浮骨露者、則不足取矣、水星色黑不晦、體肥形端、眉清目蔚、口闊頤圓、乳大臍深、腹下垂、手軟厚、聲圓潤、氣靜量寬、肉重骨輕、此爲水形入格、若口小齒露、神散骨粗、聲音枯焦、臂部狹小者、則不足取矣、　木合水、水合木、此順而合順者多富、即貴亦在浮沈之間。金與火仇、有時合火。（註）金形太盛、略帶火形、　推之水土皆然。（註）水形太盛、略帶土形、土形太盛、略帶木形、　此逆而合逆者其貴非常、然所謂逆合者、金形帶火則然。（註）金盛得火、大器鑄成、　火形帶金則三十死矣。（註）火不勝金、而金多反悔火也、　水形帶土則然。（註）水盛得土、堤岸功成、　土形帶水、則孤寒老矣。（註）土不盛水、而水多反溼土也、　木形帶金則然。（註）木盛得金、棟梁堪膺、　金形帶木、則刀劍隨身矣。（註）金不勝木、而木強折金也、以上數則、乃不足用補、有餘用洩之義、反其道而用之、則危殆矣、　此外牽合。俱是雜格。不入文人正論。（註）未必盡然、　五行爲外剛柔。內剛柔則、喜、怒、伏、跳、深、淺、者是。喜高怒重、過目輒忘、近粗。伏亦不亢、跳亦不揚、近蠢。（註）伏、音服、匿藏也、亢、音岡、正直貌、跳、音迢、躍也、揚、音陽、高舉也、匿藏而不知正直、跳躍而不能高舉、非蠢而何、　初念甚淺、轉念甚深、近奸。內奸者、功名可期。（註）　由淺入深、尙有思想、　粗蠢各半者、勝人以壽。（註）粗蠢近厚、或竟得壽、　純奸能豁達者、其人終成。（註）奸不足取、惟能豁達、是以終成、　純粗無周密者、半途必棄。（註）　粗不足懼、惟無周密、是以必棄、　觀人所忽、十得八九矣。

容貌章第三

容以七尺爲期。貌合兩儀而論。胸腹手足、實按五方。耳目口鼻、全通四氣。（註）四時之氣也、　相顧相稱則福生。如背如湊。則林林總總。不足論也。（註）顧稱與背湊、適得其反、顧稱福生、背湊禍至、林林總總、皆是庸材、雖多奚貴、

容貴整。整非整齊之謂。短不豕蹲。（註）蹲、音存、踞也、如豕之蹲、短而無神也、　長

不茅立。（註）茅、草也、經風則偃、長而弱也、　肥不能餐。（註）熊獸似豕、山居冬蟄、體大而蠢、口端甚長、齒之咀嚼力勝於貓犬、形如熊餐、肥而饕也、餮音鐵、貪食也、　瘦不鵲寒。（註）寒鵲羽束、體瘦、瘦而寒也、　所謂整也。背宜圓。腹宜突。坦手宜溫輭。曲若灣弓。足宜豐滿。下宜藏蛋。（註）足掌中凹、能容物也、　所謂整也。五短多貴。（註）一頭短、二面短、三身短、四手短、五足短、五者俱短、而骨肉細滑、印堂明闊、五嶽朝揖者、公卿相也、雖具五短、而骨肉粗惡、五嶽傾陷、仍主下賤、或上長下短、則多富貴、上短下長、則多貧賤、此中有區別焉、　兩大不揚。（註）兩大、疑爲六大、頭雖大、額無角、目雖大、閃電爍、鼻雖大、梁柱弱、口雖大、語略綽、耳雖大、無輪郭、腹雖大、近上着、此皆貧賤之相、蓋頭大角要聳、目大光要不流、耳大輪郭要正、鼻大梁柱要高、口大聲音要清、腹大勢要下垂、如此乃可富貴、　負重高官。（註）身重、脚輕、行不動搖、　鼠行好利。（註）鼠行、疑慮、走竄不甯、　此爲定格。他如手長於身。身過於體。配以佳骨。定主封侯。羅紋滿身。胸有秀骨。配以妙神。（註）羅紋、秀骨、妙神、三者不可缺一、　不拜相。卽鼎甲。相貌家有清奇古怪之別。（註）吳張方三本、淸古奇秀、茲從范本、淸如寒水、奇如美玉、古如蒼巖之老松、怪如泰山之磐石、雜之千萬人中見而異之者、乃淸奇古怪之貴相、凡有此格、必主操修過人、功業隆重、聲聞天下、

總之不必、（註）言不必拘此四格、須看科名星、陰隲紋、爲主。（註）張本無須字、茲從吳本、

科名星十三歲至三十九歲、隨時而見、陰隲紋、十九歲至四十六歲、隨時而見。二見全、大貴也。得一亦貴。科名星見於印堂眉彩。時隱時見。或爲剛針。或爲小丸。常有光氣。酒後及發怒時易見。陰隲紋見於眼角。（註）海昌范文元云、左右眉角上、爲福堂、此乃陰隲紋出入之處、紅黃紫色光耀者、必獲天祿、虛虛子曰、如見眼下有黃氣、及細紋隱隱然者、此必有陰德濟人之事、又云、黃色盤龍宮、卽眼框也、其細如絲、氣色朗澈、乃陰隲紋也、

陰雨便見。如三叉樣。假寐時最易見。得科名星、早登得陰隲紋、遲發。二者全無。前程莫問。陰隲紋見於喉間。又主子貴。雜路不在此格。（註）陰隲紋現於他處者、不專應科名矣、

目者面之淵。不深則不清。鼻者面之山。不高則不靈。口闊而方祿千鍾。齒多

而圓不家食。（註）不家食、爲祿而仕也、　眼角入鬢。必掌刑名。項見如面。（註）吳本見作於、茲從張本、然文義不顯、仍疑衍文、　終身錢穀。此貴徵也。舌脫無官。（註）、短禿之舌、智慮不充、官於何有、　橘面不顯。（註）面色黃晦、而毛鬖叉爲塵垢所蒙、主妻剋子稀、顯於何有、　文人不傷左眼。（註）恐有衍文、　鷹準動便食人。此賤徵也。（註）準頭彎如鷹嘴者、其心必毒、常思食人、

情態章第四

容貌者、骨之餘。常佐骨之不足。情態者、神之餘。常佐神之不足。久注觀人精神。乍見觀人情態。大家舉止。羞澀亦佳。小兒行藏。跳叫愈失。大旨亦辨清濁。細處兼論取舍。（註）張本處作亦、茲從吳本、羞澀者清、跳叫者濁、此言其常、然有羞澀而濁者、亦有跳叫而淸者、不可不察、　人有弱態。有狂態。有疎懶態。有周旋態。飛鳥依人。情致婉轉。此弱態也。不衫不履。旁若無人。此狂態也。坐立自如。（註）吳本張本立作止、茲從范本、　問答隨意。此疎懶態也。飾其中機。不苟言笑。察言觀

色。趨吉避凶。此周旋態也。皆根其情。不由矯枉。弱而不媚。狂而不譁。疎懶而眞誠。周旋而健舉。皆能成器。反此敗類也。大概亦得二三矣。（註）媚爲弱之病、譁爲狂之病、眞誠爲疏懶之藥、健舉爲周旋之藥、能明乎此、孰爲成器孰爲敗類、望而十得二三、非侈論也、

前者恆態。又有時態。方與對談。神忽他往。衆方稱言。此獨冷笑。深險難近。不足與論情。言不必當。極口贊是。（註）張本贊作稱、茲從吳本　未交此人。故意詆毀。卑庸可恥。不足與論事。漫無可否。臨事遲回。不甚關情。亦爲墮淚。婦人之仁。不足與談心。三者不必定人終身。反此以求。可以交天下士。（註）上言恆態四種、大都天賦、此言時態三種、直是人爲、其一陰險、其二詐僞、其三懦暗、交友共事者、不可不知此、

鬚眉章第五

鬚眉男子。未有鬚眉不具。可稱男子者。少年兩道眉。臨老一林鬚。此言眉主

蚤成。鬚主晚運也。（註）上唇生者爲髭、下唇生者爲鬚、頦頷生者爲髯、近耳生者爲鬍、但言鬚者、統稱也、然而紫面無鬚自貴。暴腮缺鬚亦榮。（註）無鬚自貴、乃是紫面、缺鬚亦榮、乃是暴顋、非無鬚缺鬚、皆自貴亦榮也、　郭令公半部不全。（註）唐、郭子儀、官至太尉中書令、迴紇稱爲郭令公、建中二年辛酉、卒時年八十五、　霍票姚一副寡臉。（註）范吳張本票作嫖、茲從漢書、漢霍去病、初爲票姚尉、累官至票騎將軍、嘗云匈奴不滅、無以家爲、元狩六年甲子卒、　此等間逢。畢竟有鬚眉者十之九也。

眉尙彩。彩者、秒處反光也。（註）秒、音眇、禾芒也、末也、卽眼梢也、　貴人有三層彩。有一二層彩。所謂文明氣象。宜舒爽。不宜凝滯。一望有乘風翔舞之勢。上也。如潑墨者最下。倒豎者上也。（註）倒豎、有大吉大凶、須細辨之、　下垂者最下。（註）劉鏡海註曰、下垂一語不確、儘有下垂而大貴者、大抵必兼斜視、所謂殺星當令也、長有起伏。短有神氣。濃忌浮光。淡忌枯索。如劍者掌兵權。如帚者赴法場。箇中亦有微茫。不可不辨。他如壓眼不利。散亂多憂。細而帶媚。粗而無文。最是下乘。鬚有多寡。取其與眉相稱。（註）洛神賦云、修短合度、此云相稱、即合度之謂、多者宜清、宜疎、宜縮、宜參差不齊。少者宜健、宜光、宜圓、宜有情照顧。捲如螺紋、聰明豁如。（註）張本明作如、茲從范吳二本、　長如解索。風流榮顯。勁如張戟、（註）戟、音棘、有枝兵器也、　位高權重。亮若銀條。蚤登廊廟。皆宦途大器。紫鬚劍眉。聲音洪壯。蓬然虬亂、（註）虬、同蚪、音求、盤屈相糾貌、　嘗見耳後配以神骨清奇。不千里封侯。亦十年拜相。他如輔鬚先長終不利。（註）輔鬚、謂頰頷之髯、及左右近耳之鬍也、　人中不見一世窮。鼻毛接鬚多晦滯。短髭遮口餓終身。（註）張本餓作饑、茲從吳本、　此其顯見耳。

聲音章第六

人之聲音。猶天地之氣。輕清上浮。重濁下墜。始於丹田。（註）道家稱人身臍下三寸、曰丹田、抱朴子云、丹田有三、在臍下者爲下丹田、在心下者爲中丹田、在兩眉間者爲上丹田、

發於喉。轉於舌。辨於齒。出於唇。實與五音相配。取其自成一家。不必

一一合調聞聲相思其人斯在甯必一見決英雄哉。

聲與音不同。聲主張、尋發處見。音主歛、尋歇處見。辨聲之法。必辨喜怒哀樂。喜如新竹當風。（註）此謂之和、　怒如陰雷起地。（註）此謂之突、　哀如石擊薄冰。（註）此謂之脆、　樂如雪舞風前。（註）此謂之颺、　大概以輕清爲上。聲雄者如鐘則貴。（註）張本貴作富茲從吳本、　如鑼則賤。（註）張本鑼下多一者字何鏡海註曰、亦有如鑼而大貴者、氣必出於丹田、然一生勞苦不免也、　聲雌者如雉鳴則貴。（註）雉音豸紙韻鳥名、卽野雞也、　如蛙鳴則賤。（註）蛙音哇、佳韻、俗稱田雞、雄者能鳴、雌則否、　遠聽聲雄。近聽悠揚。起若乘風。止若拍瑟。（註）瑟音色、樂器、古爲五十弦、後改二十五弦、弦各有柱、可上下移動以爲聲之淸濁高下也、　大言不張唇。細言若無齒。上也。出而不返。荒郊牛鳴。急而不達。深夜鼠嚼。（註）此皆有聲無音、　或字句相連。喋喋利口。（註）喋音牒、利口多言也、　或齒喉隔斷、喈喈混談。（註）喈音皆、鳥鳴聲也、　市井之夫。何足比數。

音者、聲之餘也。與聲相去不遠。此則從細處曲中見直貧賤者有聲無音。尖巧者有音無聲。所謂禽無聲。獸無音者是也。凡人說話是聲。其散在左右前後是音。開談若含情話終多餘響。（註）餘響、卽音也、　不惟雅人。兼稱國士。闊口無溢出。（註）張本作口闊茲、從吳本、溢音逸器滿也、過也、莊子云兩喜必多溢美之言兩怒必多溢惡之言、闊口者多守信、故言不溢出也、　大舌無窕音。（註）吳本張本、大誤作尖、窕調、上聲與佻同、輕窕也、語云舌大而方、位至公王、又云舌尖能辨、舌禿寡言、舌大而爲公王、舌禿而主寡言、此二者皆不致有輕窕之音、果是尖舌、則大異於是矣、　不惟實厚。兼獲名高。

氣色章第七

面部如命。氣色如運。（註）此二語、可謂善譬、眞確論也、　大命固宜整齊。小運亦當亨泰。（註）面部之五官合格、此大命整齊也、然亦必須氣色順時、始可謂爲小運亨泰、　光燄不發。（註）謂氣色暗晦也、　珠玉與瓦礫同觀。（註）謂五官雖如珠玉之美、其賤亦同瓦礫也、藻繪未揚、（註）此亦指氣色晤晦言、明光與布葛齊價。（註）明光、鎧之名也、見曹植上賜鎧表、先帝賜臣鎧、黑光、明光、各一領、謂五官之貴、雖如明光、其賤亦同布葛之袍也、大者主一生禍福。小者主三月吉凶。（註）大命禍福、遠應一生、小運吉凶、近主三月、人以氣爲主。於內爲精神。於外爲氣色。有終身之氣色。少淡、長明、壯豔、老素、是也。（註）年少氣色不淡而反素、年長氣色不明而反淡、年壯氣色不豔而反明、年老氣色不素而反豔、皆非福兆、有一年之氣色。春青、夏赤、秋黃、冬白、是也。有一月之氣色。朔後森發、望後隱躍、是也。有一日之氣色。早清、晝滿、晚停、暮靜、是也。（註）春白、夏黑、秋赤、冬黃、此一年之氣色反常也、十五日以前隱躍、十五日以後森發、此一月之氣色反常也、早靜、晝停、晚淸、暮滿、此一日之氣色反常也、反常者凶、順時者吉、先後緩急、須細辨之、

科名中人、以黃色爲主。此正色也。黃雲蓋頂、必掇大魁。黃翅入鬢、進身不遠。印堂黃明、（註）印堂在兩眉中央、富貴逼人。明堂素淨、（註）張本素作紫、

茲從吳本水鏡云、印堂者、一面之明堂也、

明年及第。他如眼角霞鮮、決利小考。印堂垂紫、動獲小利。紅暈中分、定產佳兒。兩顴紅潤、骨肉發迹。由此推之、足見一斑矣。（註）張本無矣字、茲從吳本、氣色以黃為主、尤當注意頂與鬢、及印堂、眼角、兩顴等部位、

色忌白忌青。青常見於眼底。白常發於眉端。然亦有不同。心事憂勞、青如凝墨。禍生不測、青如浮煙。酒色憊倦、白如臥羊。（註）張本羊作羴、茲從范本吳本、

災晦催人、白如傅粉。又或青而帶紫、金形遇之而飛揚。白而有光、土庚相當、亦富貴。又不在此論也。（註）土庚即土形、與上文金形義同、此即不足用補、有餘用洩也、

最不佳者、太白夾日月。烏鳥集天庭。桃花散面頰。頹尾守地閣。有一於此。前程退落。禍患再三矣。（註）太白白色、烏鳥黑色、桃花紅色、頹尾赤色、皆譬喻也、日月角、在左右眉角之上、天庭、在前額面部正中、司空之上、面頰、在顴骨左右、地角、在承漿之下、以上四部、見白黑紫赤四色者、皆須一一考察、判其休咎、勿孟浪也、

西洋新相術

美國勃臘克福特博士。乃科學家也。以人類品性。萬有不齊。憑十三年之考察。足跡所至都十六國。始發明新式之相人術。爲因材器使之標準。至今美國各大公司中。頗有用其法以僱聘人員者。其法維何。即「組織」「身材」「顏色」「形狀」「結構」「密度」「配合」「表象」及「經驗」或「效用」而已。證以吾國先賢相人之術。論身材之長短大小。肌肉之肥瘦軟硬。與彼之組織、身材、形狀、結構、四種。似無以異也。吾國先賢相人之術。論眉之濃淡。目之淺深。鼻之曲直。耳之厚薄。口之正斜。與夫氣色之晦明。聲音之清濁。精神之充否。與彼之顏色、密度、配合、表象、經驗、效用。似無以異也。至曼諦迦薩氏。謂思想與感情。俱循活動之形式。表現於面龐及身體之他部。留遺跡象。此與吾國先賢論紋痣善惡。及陰隲紋之意義。亦不謀而合。具見人有中外。理無二致。吾國自羲皇畫卦。象天地。別男女。法乾坤。正君臣父子夫婦之義。而其與也。又作網罟。教畋漁。

造書契。治居廬。整田里。導泉流。爲地球各國文化之祖。今人大都淡然若忘。每好厭故喜新。捨本逐末。不獨倫常大道。置而不講。卽尋常知人識人之學術。亦惟西學之是務。可慨也夫。玆錄斯篇。以餉同好。讀者當別具隻眼。鑑其精粗。毋以具有科學化三字而震驚之也。樹珊謹識。

勃臘克福特博士 Dr. Kaherine M. H. Bakford 者。美國科學家也。以人類品性。萬有不齊。每不能與其職業相適應。因發明一術。以爲因材器使之標準。其對於一般男女。爲個別之觀察。殆十三年。於其作工。娛樂。精神病。體魄病。變態。宗教。社會關係。商業關係。及所犯罪惡。莫不詳細研究。美國、及坎拿大、各部各業之人物。造訪殆遍。更周歷寰宇。以資深造。其足跡所至。都十六國。藏書室中。有一萬五千人。詳晰之行述。而曾經彼之考察。加以簡要分類之紀錄者。且在五萬人以上。其用力之勤。與經驗之富。如是。故其所下之定義。亦較然可信。美國各大公司中。頗有用其法以僱聘人員。

者。

勃氏所發明之術。可謂爲新式之相人術。質言之、則判斷人類品性之科學。的方法是也。人類之性癖教育經驗。以此種方法考察之不爽累黍。人類猶物品也。而此種方法則能斷定其先天及後天之性質。而施其選擇。司衡鑒人材之任者。均可學習此法。以洞明其識見。但使、與、應、選、之、人、爲、消、極、之、協、力、自、能、隨、時、解、剖、無、遁、形。而公司之組織。欲使所僱之職工。與辦事人。各各實現其最大之可能性。尤當以此種方法爲濫藉。

勃氏之相人術。全以外形爲根據。人類之外形。於斷定其能力時。效用至廣。吾人蓋無不承認之。徵諸通常之言語。猶可概見。如所謂「厚皮的」「薄皮的」者。適與其人體魄上、及心理上之感覺程度相應。凡荏弱善感之人。其皮膚必細而薄。心氣粗暴之人。其皮膚必粗而厚。蓋據胚胎學Embryology所發明。皮膚實爲各種感覺發生之處。脊髓與神經。亦不過變形、及特別構造之皮膚也。而人之皮膚、既爲其腦部組織之表記。故人之身材、顏色、配合、形狀、組織、密度、結構、亦必爲其機能與效用之表記。而可作爲人性學上普通適用之公例。此勃氏所主張者。

據勃氏研究之結果、謂人類之性質、可以九種體魄上之成分、與其變化、及組合定之。卽其他有生物或無生物之性質、亦可以九種成分、與其變化、及組合定之。此九種成分惟何。卽「組織」「身材」「顏色」「形狀」「結構」「密度」「配合」「表象」及「經驗」或「效用」是已。

任舉一人。於此九種成份、均有明顯之表示。其「組織」或細或粗。或介乎中間。其「身材」或大或小。或適符常度。其「形狀」之普通傾向或微凹、或微凸、或凹凸達乎極度。或「面龐」及「軀體」雜凹凸而「配合」之。又如體態、則有纖弱、強壯、多骨、多肉、方圓肥瘦等之不同。「密度」

則有極堅韌、極柔脆、與介乎中間各度之不同。軀體各部、及「頭部」與「面龐」之配合亦復各各不同而「表象」與「經驗」尤幾乎盡人而異。

勃氏謂上述九種成分之每一分。均可藉以定各個人先天、或後天之性質。試舉「組織」之一例以明之。凡頭髮細軟。皮膚滑澤。面容韶秀。身體及四肢纖弱美觀者。必爲溫文爾雅之人。其所嗜者在屬於智識方面之事業。而與以精細之工作。亦能勝任愉快。反之、而頭髮巨硬、皮膚粗礪、面容健、碩者。則可任以需膂力、勇氣、及耐勞、受苦之事業。此殆普通之公例也。雖然、所謂普通之公例者。不過一種形容詞而已。其最終之結果。則除「組織」以外之其他成分、均得變更之。且上文所述者。不過謂組織之成分。可以爲觀察各個人之表證。而其他同等之表證。初未列舉。此則學者所當注意者。

試更就「身材」論之。則身小而量輕者。宜爲輕快便捷之事。身大而量重、者。宜肩負重舉物之任。此體魄上之工作。顯而易見者也。又試就「顏色」論之。則白面金髮青眼者。其性質必易變。其嗜好必複雜。其思想必毗於樂觀、而富於理論。面帶棕色、而眼及毛髮薄黑者。其性質必堅定。其持、己必嚴肅、其爲人必誠實可靠。其思想必毗於保守。使各業主人能對於傭僱之人員。詳加審察。皆可了然於其故也。

人之形狀、以其「面貌」及「全身」之式樣表現之。銳眼疾走之「獵犬」其伶俐輕快。呼應靈捷。勝於「猛犬」而耐勞之力、則不及之。此不待科學家均能諦曉者。而人之形狀與銳眼疾走之「獵犬」相似者。必伶俐輕快。呼應靈捷。其與「猛犬」相似者。則善於耐勞而作事之敏。與呼應之靈、時有所不逮焉。亦可由是而定。

試聚詩人、文豪、教育家之肖像而略加注視。將見彼等「頭部」及「身軀」

之「結構」體態大都似「三角形」即頭部身軀之上部闊。而下部較狹是也。又試聚名將、勇士、建築家、工程師、探險家、運動家、飛行家、及其他以活動爲生活者之肖像而加以審察。將見彼等之「結構」循「正方形」之線。即「方形」之面。「方形」之身軀與「方形」之手是也。又試聚法律家、財政家、營業家、與商界鉅子之肖像而加以審察。將見彼等之結構循「圓形」之線。即「圓形」之面龐。「圓形」之身軀。「圓形之手足是也。

物體之爲「硬性」之結合者。從比較上言之。其抵抗力必大。而永續性必强。其爲「彈性」之結合者。其內蘊力必厚而活動性必富。其爲「軟性」之結合者。其抵抗力必小而感覺性必敏。所謂「結合」即體積之「密度」也。物固如是。人亦有然。

「頭部」「面龐」及「身軀各官體」之相關的發達或比例。即上文所謂「配合」也。而自醫學家、解剖學家及研究人性者之眼光觀之。則實爲各個人精神活力、與耐勞性相差之度之表記。且爲其他多種特性之表記。

人之感情思想及意趣。多自「面色」「聲音」「姿勢」「行走」及「服裝」等處表現之。而以人類之身體爲受型性。故不論何種感情、思想、及意趣。皆能於各種表象留永久之痕跡。

曼諦迦薩 Mantegazza 有言。「凡思想與感情俱循活動之形式以表現。瞬間之感情。其表現時、倏忽而不可覺。自亦無何等之痕跡。然使復現至數次以後。則於面龐及身體之他部。必留遺其表象。而將其人一生行事。襮露無遺。」「經驗」之留遺其表象亦復如是。

上文所述。皆言九種成分之每一種。可以爲人類品性之表記。而爲勃氏及應用其法者所主張者也。雖語焉不詳。而新相術之大概。則已可見。然其最關重要者。則尤爲此九種成分。在一個人之聯合每一個人。均具有此九種成分。使於其成分之各種。忽而不察。則其人之人格。决無由洞悉也。

西洋手相學

戊辰夏月。因事有感。特作述卜筮星相學八卷。郵呈　行政院譚院長組盦。內政部趙部長次隴。乞其正謬。辱承不棄。書耑獎藉。甚可感也。述學卷四、曾採用風萍生手相學。余按之曰。手相學、乃東西各國專門之學。不圖其所用名稱。卽吾國老生常譚之木、火、土、金、水、及太陽、太陰也。吾國幼童嘗讀幼學須知。無不知日月五星謂之七政。天地與人、謂之三才。今之學者、并此廢而不讀。吾恐從來習慣之七政三才。亦將莫明其妙。邱菽園先生序手相學有云。詎意吾之所棄。或爲鄰之所珍。此誠慨乎其言也。今春、相人探原稿觕成。友人謂可將此手相學。擇要載入。藉供衆覽。余頷之。其書論手云。手形軟者、富於思想。手形硬者、意志堅固。手指關節光滑之人、作事決斷。手指關節特殊之人、作事攻苦。長指方形之手、操持謹愼。思想發達。凡論理、理性之事。均適之。短指方形之手、賦性頑固。度量淺隘。主崇拜物質。不知其他。吾國相學論手云。手細軟者大貴。手粗硬者極賤。指嫩如剝葱者食祿。指粗如竹節者受饑。指長而纖者聰俊。指短而突者蠢愚。雙方對照。莫不吻合。其論拇指云。拇指發達長大而美者。其性質必優良。其才智必超越。拇指短而醜者、其性質必鄙野。其作事必粗暴。吾國相學、謂大指宜肥美、其節有紋重疊、如畫眉之狀者、主富於文學。歪斜瘦禿者、主經營費力。一生勞苦。其論掌色云。靑白者、主我觀念太深。一切任性不祥。見黃色者、主沉鬱。見紅色者、主健康。吾國相學謂、掌淸白色者、主貧寒。掌黃如拂土者、主愚賤。掌紅如噀血者、主榮貴。玩其語氣。不約而同。其書又云。手有重要之紋線大者七條。曰生命線。曰智能線。曰感情線。曰金星帶。曰健康線。曰太陽線。曰運命線。小者五條。火星線。副健康線。婚姻線。

手頸線。本能線。名詞新穎。似不尋常。其實只須吾國相學之三才紋、八卦位。卽可統制一切。其書又云。主要線旁之姊妹線。亦主吉凶。然以吾國相學、縱理多者、性亂而貧。横理多者、性愚而賤二語。亦可括之。然則、載此東鞏之說。究何爲哉。曰、爲供衆覽。俾可溫故而知新也。丁丑蒲節。樹珊謹識。

手相學之沿革

風萍生曰。手相學發源於印度、阿利安文明之初期。已成專門之學。以之研究手紋。判定人生禍福。而不背於科學原理。非世之妄談休咎者。所可同日語也。徵之史籍。阿利安文明實爲歐西文化之源。衍而爲希臘文明、羅馬文明、故當時之古碑遺刻。斷簡殘篇。吉光片羽。存在人間者。好古之士。每珍之如拱璧焉。　其古文書中、有手相學遺籍。今尙存諸印度婆羅門敎徒之手。珍諸寺院石篋之中。爲印度國寶之一。其書有圖解數百幅。均皆釋手紋、手印。而加以證據說明者也。

阿利安文明、散布世界以來。手相學亦隨之而擴充於歐西、中國、西藏、波斯、埃及。迄於今已成一種專門科學。紀元前四百二十三年。大哲阿拿古薩哥喇斯氏、爲手相學教授已來。大哲西施巴拿斯氏、發見金字手相學書、於神使祭壇。進呈歷山大帝。蒙其褒嘉。世人於以珍重焉。此外亞里士多得氏、布利尼氏、卡爾大密斯氏、阿卡斯大施大帝。一時之碩學名流。帝王君相。均加以擁護宣傳。故能風行一世。研究愈精焉。

希臘哲學之權威。爲萬古不磨之大典。與中國孔、孟、老、莊、之學正同。故手相學之爲專門科學。亦無懷疑之餘地。世之欲占禍福消長者。幸勿河漢視之。

今舉近世各國學者所著之手相書如下

英文書

Anonymons—The Hand: Phrenologically considered, being a glimpse at the relation of the mind with the organization of the body. (London, 1848).

Beamish—The Psyconomy of the Hand, or the Hand, anindex of the mental development. (London, 1865).

Warren—The Life Size, Outline of the Hands of Twentytwo Celebrated Persons. (London, 1882).

Chneiro—Cheiro Language of the Hand. (New York, 1900).

Heron Allen—Practical Cheirosophy. (New York, 1887).

德文書

Landsberg—Die Handteller. (Posen, 1861).

Jessmann—Katechismus der Handlesekunst. (Berlin, 1889).

法文書

Advef Desbărolles—Les Mysteres dela Main. (1865).

中日文書

摩井相法　一冊　沈白相法　一冊　南北相法　十冊
神相全書　三冊　卽座考　二冊　人生祕傳　一冊
終身錄　一冊　早引祕傳　一冊

手相學與科學之關係

風萍生曰。各時代學者均以手爲人生最要部分。希臘大哲阿拿古哥喇斯之言曰。「人類之優於他動物者。在其手。」亞里士多得曰。「手爲機能中之機能。爲人生全體中活動之代表者也。」

近代如阿溫氏、韓復禮氏、貝爾氏、均發表偉論名言。爲手相泰斗。貝爾氏曰。「手之感覺性、運動性、足匹敵人之心意。」阿溫曰。「吾人之手、其骨中最精巧之組織。乎各指均具特種機能、及性質也。」

復次、就皮膚神經觸覺而言。以貝爾氏研究爲最精。其關於皮膚者曰。「

外皮云者觸覺機能之一部、而傳外部。影響於神經者也。各指尖最敏。爪則援助指尖、而保護彈力性之肉塊。此肉塊係外部機關中、最要部。其富彈力者、最適於觸覺作用者也。試以舌附脈搏。以指按脈搏。則感之更仔細觀察其搆造時。其感覺作用。最發達部分之外皮。具有精巧螺旋紋。其隆起旁爲溝。溝之中、有柔軟果肉皮膚名曰小乳頭突起。通感覺神經之末梢。神經一方受其保護。一方由彈力性外皮、而傳達外部印象。斯曰觸覺作用。」手較身體部分神經爲多。而尤以掌部爲尤多。醫學之所證也。自腦部傳達而來之神經因使用頻繁之故。發達愈增完密。故受動自動兩方均可稱手爲腦之下役。醫書所載曰。表面上雖僅一條神經。實則一神經鞘中。具神經二支。一則供送腦之命令於體中各部。一則司傳送體中各部作用。以達於腦者也。法國大醫多吉爾吉之言曰。「神經之傳達全體。狀如電報組織。而腦與手之關係尤烈。」綜觀諸科學家之說。心意影響須自手紋、手爪、及其他部分而傳布之。此種理論。皆根據科學。而非迷信。斯則手相之學。亦屬顚撲不破之眞理。毫無疑義者矣。

手相學大家貝爾氏、爲論以證明之。其言曰。「動物學者、研究骨格時、以骨表部所見之隆起線、及不規則處。係基因於受神經壓迫之故。故考古學者、地質學者、掘取地中埋藏骨之斷片。加以模造部分而連續之。以組成古代動物之全骨格。且因而揣摩附會。加以說明。並可推知其種屬、習慣、病徵、推闡盡致。歷歷如數家珍。而究其實在證據。不過一殘敗之骨片而已。據此以論手相學者、取人身重要部分之手而加以愼重之研究。據以知人身健康。判其過去、未來、現在、三界之境遇。豈非當然之事乎。」

手形

原始手　此手屬手型中最劣者。掌大而厚。指短而醜。掌中無紋。主無才智。無抱負。僅知飲食男女而已。其拇指若厚而短。尖端形方者。又主兇暴易怒。甚則能殺人。」

方形手　手頸與手掌之境界手掌與五指之境界。均甚廣闊。指成方形。或爪短、亦爲方形。主守規則惜光陰。重視法律。不好私鬥。處事決斷。忍耐力强。不迷信宗敎。崇實質而去虛文。交友忠實。惟自信過深。己所不解者。則斥爲虛妄。其意志堅定。農商最宜。企業上亦必成功。

(一)短指方形手　此型之手甚多。極易見之。主崇拜物質金錢。人每以守財奴稱之。處理事務。崇實熱心。惟賦性頑固。度量淺隘。耳所未聞。目所未見。均不相信。

(二)長指方形手　此種手型之人。較短指方形手者。其心思更爲發達。較純粹方形手者。尤爲重論理方式。小心謹愼。遇事當前。必能以正確之見解判斷之。凡論理理性之職業、均適之。

(三)粗指方形手　指長。關節粗大。喜研究纖細之事。凡土木工程、數學、統計學、均適之。

(四)箆狀指方形手　手指廣闊。略帶灣曲。其形如箆。主嗜好機械工作。凡世界精巧機械家均屬之。

(五)圓錐指方形手　手指如圓錐狀。主賦性靈感。既具材能。又富繼續性。凡音樂家作曲家屬之。

(六)精神指方形手　純粹精神指之方形手。世不多見。其近似者、指長而尖。爪形甚長。主出身之境遇甚佳。不幸中途挫折。若指掌之形不稱。主事物難望成功。

(七)複雜指之方形手　此型男女均有之。而以男子爲多。五指各異其型者有之。二三指各異者有之。拇指關節柔而易曲。食指尖削。中指方形。無名指爲箆狀。小指尖削。主思想廣泛。時行流動。或思考精神之事。或思考科學論理之事。不拘何事何物。均能發表議論。但無一貫精神。故成功之機卒鮮也。

篦狀手　手頸之幅廣闊。近五指處、忽漸收而成狹隘。或五指底部廣闊。手掌近手頸之處、忽漸收而成狹隘。或各指底部廣闊。又略形灣曲。均成篦狀。其特性必好活動。而愛獨立。凡大航海家、大冒險家、大發見家、大機械師、多屬之。若手掌廣闊表明爲精神之性質。如專攻哲學、神學。必能發揮卓見。獨創新論。以震驚一世云。

哲學手　形長骨挺。指大爪長。關節亦巨。主特性超越。異乎流俗。不喜蓄財。而愛學問。熱心宗教。謹守範圍。社會間每以畸人視之。印度佛祖先哲每多此手。

圓錐手　手形大小適中。掌向上部處漸狹。指根粗。指端爲圓錐狀。此類之手。每易與精神手混同。須細別之。總之、爪長指尖。掌部豐柔。爲圓錐形手之特徵。主性質寬大。富同情心。好奢侈。喜安逸。雖思想巧妙。而缺乏忍耐力量。雖有目的。而無實行功夫。雖長於社交。議論風生。不免聰明外露。卒少沈潛。至於喜怒無常。每致友誼不終。若手掌骨硬。精神活潑。或爲名優。或爲音樂家。或爲演說家。皆當成名。

精神手　長細而弱。指尖削形狀優美。爪爲扁桃形、七型之中。以此形爲最美。而以此型爲最無用。此型之純者。然亦罕見。　主形態優美。動作靜婉。其性質傾於理想。好依賴他人。缺論理觀念。隨波逐流。終一世而已。

複雜手　四指各異。有爲尖形者。有爲方形者。有爲箆狀者。有爲哲學形者。此手性質兼多方面而有之。其思想目的。均易變更。時而爲顧曲家。時而爲發明機械之工程師。時而奔走政治。心如流水。身似落花。雖善交際。諳人情。不免誤用長才。究竟難收效果。若手掌中智能線發達。彼亦能選得適宜之事。而展其懷抱焉。若長外交。更可勝任。蓋手腕敏捷。應付裕如也。

拇指

手相眞理。每從拇指研究而得。故拇指爲手相上最重要之觀察點。須特別注意及之。

神經病醫者。由檢查拇指、而知痲痺症之眞僞。及徵候之有無。蓋身體一部分、將發見病徵時。其拇指能表示之也。

產婆亦然。赤子之初生也、檢察其拇指。若隱於四指中時、乃赤子柔弱之徵。七日後、若仍有此現象。其赤子之精神。亦必欠缺。

設往癲狂病院、檢患者拇指。均非常弱小。從可知矣。凡男女立談時。苟其人於無意中、常以四指掩其拇指。則其人必缺自信能力。

瀕死之人。意識俱無之時。其拇指無力。必垂之掌中。若暫時消失意識。其拇指必仍有力也。

貝爾氏曰。黑猩猩之手。與人手相近。惟拇指過短。不能達食指之底部。由是觀之。拇指發達長大而美者。其性質必優美。其才能智識。必超越尋常拇短而醜者。其性質必鄙野粗暴。拇指小而弱者。其意志精神必弱。拇指以長大堅實爲上乘。與掌成直角。或太接近者。其人性質太剛。有趨於極端之弊。自大自尊。決非甘居人下者。與掌接近者。反是。主神經過敏。膽小拘泥。無獨立之心。

拇指可分三部。第一指骨部代表意志。第二指骨部代表理性。第三指骨部代表愛情。世間凡百事物。均支配於三者之下。

拇指各部往往發達不甚均平。如第一指骨部特長。其人雖意志堅定。而理性、及愛情、必十分冷淡。第二指骨部特長。其人偏於理性。而意志不定、少決斷心。第三指骨部特長。或拇指小弱。其人意志、論理、均爲感情所支配。此誠愛情之奴隸者。三者均所不取。

研究拇指最饒興趣者。卽第一指骨部關節。有柔硬問題是也。柔軟之時屈曲向外。可成弓形。強硬之時。則不能屈曲。此二者均關係爲人之性質

第一指骨部粗厚。爪形短平者。其人野性難馴。每多兇暴。第一指骨部平整者。其人性質溫和。爲理性所支配。

柔軟關節之拇指。爲拉丁人種特徵。强硬關節之拇指。爲斯拉夫條頓人種之特徵。日人中國南部之人。均屬柔者。或以爲氣候影響。實則由出身前後周圍環境使之然也。此種拇指。確主箇人特性。亦足以代表其國民及人種性也。

柔軟關節拇指　此種拇指。主性好奢侈。不獨物質已也。其思想時間。及觀念均視爲無足重輕。財產亦然。又善交際。慣肆應。固易爲社會所同化。富愛國。及其同種之心。更能隨境遇以安身也。

强硬關節拇指　此拇指與上項。適得其反。愛實際。惡虛華。意志心力。均極堅固。謹守祕密。步驟安詳。熱心國家公益。以正義爲指歸。視己身爲機械。勇於戰爭。能耐勞苦。哀樂不形於色。其信仰宗教也、不重儀式。而愛研究眞理。

第二及第三指骨部

拇指特性中次重要者爲第二指骨部之形狀。其顯徵有二種。（一）如蜂腰者。（二）粗而形狀不整者。

第二指之形狀如蜂腰者。其人心意才能大都優勝。若形狀粗而不整者。其人作事努力注重實行。

手形硬者意志堅固優於實行。手形軟者富於思想難於實行。

指之關節

手之關節、發達與否手相學上頗具重大意義蓋關節爲指骨部間之牆壁。最能表示特性及氣質也。

平滑關節之指　其人思想傾向本能。凡論事處事。遽下判斷。在方形手時。亦不能全免此弊。苟其人稿有長才判斷自歸正鵠。否則能無鹵莽滅裂之患乎。

平滑關節之尖指　其人全然爲直覺的。不修邊幅。不整儀容。書籍帳簿。雜然亂陳。而對於他人。轉欲其勵行規則云。

關節特殊發達之指。其人習性。與平滑關節之指。及平滑關節之尖指。適成反對。或謂人常勞動。關節自粗。實則不然。晏居無事者。每有關節發達之指。營運勞動者。竟多平滑之指。此乃多年實驗目擊。如斯。非想像語也。此種特性。大都根據遺傳。或連綿數世。或單傳一系。不僅人類爲然。獸類骨格、亦多見之。發達關節之人。其辦事之熱心。固遠勝平滑關節者。卽研究學問。長年攻苦。亦毫無倦心。處理大事。有泰山崩、而色不變之態。而些微事故。反足以亂其衷曲也。

指之形勢

指有長短之分類。長指之人。整衣冠。尊瞻視。愛爲纖細之事。於裝飾屋宇見之於指揮僕役時見之。於執政施權時見之。雖曰明察秋毫。不免流於虛僞。

短指之人。辦事迅速。傾向本能。不矜細行。不講虛文。言語爽快而多辯。不斤斤於社會習慣。亦不屑修容飾貌。

指硬而曲向內部、或勾縮者。表示警戒性。膽小謙沖。

指柔而曲向外部者。善交際。性和易。具有好奇之心。

形狀醜惡之手。灣曲之指。其性質亦如之。性善者、必無此指。苟或有之、必易激怒。且愛嘲弄他人。

指底部、細如蜂腰者。其人任性妄爲。窮口腹之慾。

展開指部之時。食指、中指間之距離甚廣者。表明有獨立思想。四指小指間之距離廣者。表明有獨立行爲。

食指過長者。性高慢。好支配他人。政治家、大司教中恆見之。若食指長度遼、恆與中指之長相等。其人性格高慢。具大野心。拿破崙之手。卽其例也。

中指方形之人。思慮過深。幾成病態。中指尖形之人。思慮淺薄。不免輕佻。

食指四指等長之人。主天性技巧。獲得名譽金錢。四指中指等長之人。好賭勝負。不惜金錢。卽生命之重。亦每輕於一擲。

小指形美而長、與全體配合勻稱者。表明有感化他人之能力。過長者、長於發表意見。或以文章。或以言語。且不問其職業如何。必具哲學風度。無論何項問題。均能解決。一舉一措。每得天下人信仰。格蘭得氏之手是也。

掌及手之大小

掌薄而硬。其皮膚乾燥者。性質拘泥。厚而柔者。流於肉慾。

掌既堅實。復富彈力。而五指又配合相稱者。其人心術平正。精神充裕。機智亦活潑迅速。

珊按以上二則所說。與中國相法。大致相同。

掌不厚而柔者。好安逸。喜奢侈。且怠惰。而流於肉慾。掌部凹下者。爲不幸之兆。其凹下處、當生命線時(中國相法、此綫爲地紋)主家庭不幸。其凹部當感情綫時。(中國相法、此綫爲天紋、)愛情、必多失望。

手之大者、每善爲纖細之事。手之小者。好爲大事。其小事轉非所能。例如倫敦大寶石公司、手相大家子羅曾、檢彼中治碹石工匠百人之手。無一能逃此原則。其中最大之手、爲最巧之模範工匠云。

手之小者、好施行大計畫之事。不顧其力之能勝任與否也。如平章軍國、掌理大公司者。莫不皆然。

掌之色澤

掌之色澤。較之手背色澤。尤爲重要。凡掌見青白色者。主我觀念甚强。一切任性。無同情心。己身以外之事。均視爲不關痛癢。亦不解其趣味。掌見黃。

色者。沉鬱拘執。殆成病象。掌見石竹之色而美者。性情伉爽。其紅色者。肉體精神健康佳勝。又主熱心活潑。

手爪甲

人之爪部、無論如何修整。其形狀一毫不能改變。即或因勞動破之。磨擦損之。終必復其原狀。

長爪之甚者、易罹肺病及胸部之病。爪端及兩側深嵌入肉中者、尤甚。同型之短爪、易罹咽喉病、即喉頭炎、喘息、氣管支炎等症。長爪形廣闊而色青者、表明因神經衰弱而血液循環不良。十四歲至二十一歲、四十二歲及四十七歲之女子。屢有此現象。

爪之短而小者。易罹心臟病、短爪底部廣平。不見白痕者。心臟運動弱也。爪之白痕愈大、血液循環愈良。短平之爪、底部嵌入肉中者。此即罹神經病之徵也。短平之爪、兩側翻上而浮起者、癱瘓症之兆也。色白而脆者。其病已深。短爪較長爪者、易罹足病及心臟病。爪有斑點者。神經過敏之症。爪小而薄者。身體多病精神衰頽。爪細長而曲者此脊髓病之兆。

爪形與性癖

長爪較短爪者、少判斷力。易爲人言惑動。性溫和、與人交謙讓和平。流於理想。詩歌、繪畫爲其所長。愛美術、遊神於幻祕境界。超越於實際生活。觀察事物、每好探幽索隱。不甘從表面敷衍也。短爪者反是。愛批評是非。論人長短。分析事物。不流幻想。以論理理性事實爲基礎。判斷銳敏。固執己見。性易激怒。爪橫而闊者、好鬬爭。喜干涉他人之事。居恆以齒嚙爪者、神經質迂拘人也。

手相

手相學之證據、何在乎。曰手紋也。丘也。形成物也。以此種種爲證。而加以說明。其證據萬人各不相同。雙生兒亦然。若一家血統相傳數代。其特徵必發見於若子若孫之掌中。因此特徵之傳衍。足以證明其遺傳之種性。尤可異者、其子之性質似父、則必傳其父ー之手紋。似母、傳其母之手紋。爲一般之原則焉。

掌之丘

掌中凸起之部曰丘。手相上重要事項也。據遺傳定則、從有生以俱來。決不因勞動損傷、而變易其形狀也。

（1）金星丘

金星丘、居拇。指。底。部。爲幸福之表徵。此丘內含最要血管。其發達良好者。身體强健之徵也。金星丘、異常豐大者。情慾甚熾。金星丘代表愛情、同情心、善心、審美觀念、得異性之戀愛。

（2）木星丘

木星丘、居食。指。底。部。（卽第一指）代表野心、自大、願望者也。

（3）　土星丘

土星丘、居中指底部表明喜獨居。好安靜。熱心事務。謹守範圍。愛研究規律之事。且喜音樂。

（4）　太陽丘

太陽丘、居四指底部。其發達完善者。富審美心。具賞鑑眼。愛音律詩歌。喜研究文學哲學。

（5）　水星丘

水星丘、居小指底部。其發達者。性喜流動。愛變化。好旅行。長機智。能咄嗟間爲當意卽妙之事。能迅速發表其思想。若再參觀其手之他部、果皆發達良好。則足以爲本人幸運增加之表示。否則本人以不運終。

（6）　火星丘

此丘有二。一居木星丘之下部。生命線內。而鄰於金星丘。（在第二指之末、卽地紋之上端、）表示威武、及勇敢之精神。若此丘發達逾恆、又表示其好鬬爭之特性。其他一丘。居水星丘。太陰丘之間。（在第四指下端、經過人紋近於兌位、）表示抵抗力自制力。及謙讓之美德。

（7）　太陰丘

太陰丘、居火星丘下部。而與金星丘相對者也。（在人紋下端、屬之兌乾二位、）此丘發達。表示性情幽雅。富想像力。愛風景詩歌文章。

（8）　各丘相互之偏倚

各丘互相偏倚之時。代表混合性質者也。卽如土星丘、偏倚木星丘之時。則以土星丘之喜獨居、好安靜等。付與木星丘。免致野心自大也。若土星丘、偏倚太陽丘之時。則土星丘表示之獨居、安靜等觀念、與太陽丘表示之技術趣味、錯綜。而成混交之性質也。若太陽丘偏倚水星丘之時。則本人性質。既愛變化。長機智。而又愛技術之趣味也。

手紋

手有重要之紋線。大者七條。曰生命線。包擁金星丘者。（生命線、卽地紋、自第二指末之震位、直達掌之下部坎位、金星丘在大指之下、厚肉突起處、卽震艮二位）智能線、縱貫掌中心者。（智能線、卽人紋、自巽位至兌位、）感情線、在四指底部。與智能線並行者。（感情線、卽天紋、自巽位至坤位、）金星帶、在感情線上部。包擁土星太陽二者。（金星帶在第三指及中指下端、其肉較高屬之離位、）健康線起水星丘而下走者。（健康線、自小指下端之水星丘、直達手頸線、卽由坤位至坎位也、）太陽線、起火星野。而昇至太陽丘者。（太陽線、在四指下端、自坤位至兌位、穿過天紋人紋也、）運命線起手頸而昇至土星丘者。（運命線自手頸之坎位。昇至中指末之離位、）小者五條。火星線、起火星丘、而居生命線內。（火星丘、自震至坎、）副健康線、與健康線並行者。（副健康線、在健康線外側、）

婚姻線、即水星丘之小平線。（婚姻線、自小指末之坤位、下達乾位、又爲小平行線、）手頸線在手頸、共有三條。（手頸線、即掌根之三橫紋、）本能線、起水星丘、而走太陰丘。如半月形。（本能線自小指末之坤位、下灣至乾位、）

手以智能線而分爲上下兩半球。上半球四本之指。包木、土、太陽、水、火、等丘。代表心意也。下半球包掌底部。代表物質也。

線以明瞭眞切爲貴。切斷缺損。均非上乘。色靑而幅廣者。非所宜也。線見靑色者。身體不健全之證也。且表明缺乏精神及決斷力。線見赤色者。多血性。而活潑健全者也。黃色者。膽汁性之人。而有肝臟病。且表示性情高慢。多祕密性。色暗黑者。幽鬱而嚴厲之人也。性倨傲。以報復爲心。

主要線、旁生姊妹線時。則表示增加主要線之力也。故即本線有不吉中斷處。而因有姊妹線之故。可補充欠缺。減輕危險程度。或預防之。此種現象。

生命線有之。若某線終點。有肉叉符號。則表明與該線有重大之價值也。如智能線終點有此。（中國相法、此線爲人紋、）則其智力愈增矣。

某線終點有流蘇狀。則弱其線之力、或破壞之。在生命線時、其意義尤重。蓋表示身體羸弱。神經系、已極度荒廢也。

某線旁出支線。其向下者、不佳。其向上或平出者、均增加某線之意義。如感情起點支線。表示婚姻成敗。故其支線向上。愛情濃厚之徵也。下向者反此。

智能線向上之支線。聰明而有大才之證也。運命線向上之支線。凡百事業。均得成功也。線成鎖狀者弱也。在感情線、則表示薄於愛情。在智能線、則表示智力薄弱。毫無定見。是也。線成中斷、或半途消滅者。失敗之證也。線成波狀者。弱其線之力也。線旁如毛狀簇生者。與波狀同。手之全部、被以網羅細線者。神經過敏也。

手之左右

左右二手之區別。亦屬手相學上所當注意者。據從來觀察。二手間形狀線紋均復不相同。故宜參酌觀之。諺云。左手爲我自有生以俱來者。右手則吾人所自創之者也。手相學亦言左手表明吾身本來性質。右手則表示吾身經驗訓練。蓋以右手使用多於左手。故右手較左手尤爲發達。不能不以右手爲根據而下判斷也。

但檢查手時。左手亦不可廢。須併二手而觀之。先從左手、觀其本來性質。後從右手、觀其性質之變化。二手檢查既完。乃下判斷。若專用左手之人。則其左手之線。較右手爲明瞭。又當注重左手也。左右二手之線。有一致相同者。有完全不同者。準手相原則、二手之相一致者。一生平穩無甚變化。二手之相不同者。其生涯必多變化。觀手相者、只從手紋相差之點。即可推知其人之生活狀況矣。

手相學觀察法

欲觀手相。先與其人向光線明亮處對坐。屏去旁觀。免致分神。印度古書、謂觀察時間。以日出時爲良。蓋血液循環。早起最盛。手紋色澤。較爲明顯也。

先察手型與指型何屬。次則檢察指掌。是否配合勻稱。復次檢察左手。以迄右手。並須注意其二手不同之點。最後卽以右手爲觀察基礎。

觀相時、緊握其手。凡記號線紋。有不明瞭處。必須以手指捺其部分。詳細觀之。蓋緊捺之時。血液來集。一切線紋。皆易發見也。

手之各部、手背、掌、爪、皮膚色澤。均須次第綿密檢查。第一當察拇指之長短發達關節柔硬與否。復次再觀掌部柔硬。並檢視其色澤。復次再觀四指與掌長短厚薄。配合勻稱與否。然後決其屬之何型。復次則從爪之長短形狀。檢知病徵性癖。最後檢視掌之各丘。察其何丘爲最發達。並注意其掌紋符號。若夫觀察線紋。當從何線起手。並無一定準則。大抵先從生命、健康、次及智能、運命、感情各線。爲一般通則。及至觀察結果。不妨據實言之。第不可不出之可同情態度。

相徵叢譚

揚子法言君子篇云。通天地人曰儒。通天地而不通人曰技。吾謂欲求通人之道。必須識人。欲求識人之道。必自先通相人學始。蓋相學能辨忠姦。能別賢愚。大用之則有利于國。小用之則有利于家。豈獨通人識人已哉。孔孟之相學。一曰視察焉廋。一曰瞳子瞭眊。固是千古不磨。漢高帝謂劉濞、汝狀有反相。元太祖謂耶律楚材、目有眞光。堪作良臣。亦復信而有徵。至於趙中令識相、栽培馮拯。呂文穆識相、供給富弼。後皆俱爲名相。國史備書。尤爲確鑿。其他大將識相。名臣識相。處士識相。女士識相。事蹟昭彰。指不勝屈。玆略譚一二。藉資佐證。海內同好。或不以鈔胥而哂之。樹珊識。

聖人識相

論語爲政子曰、視其所以。觀其所由。察其所安。人焉廋哉。人焉廋哉。（註）以、爲也。爲善者、爲君子。爲惡者、爲小人。觀比視、爲詳矣。由、行也。謂所以行其所爲者也。察、則又加詳矣。安、所樂也。所由雖善、而心之所樂者、不在於是。則亦僞耳。焉、何也。廋、匿也。重言以深明之。（解）此是先覺。不是逆億。只是據理。不是操術。須知聖人非自矜其神鑒、亦非故欲發人之隱微也。知人、亦是學者要緊事。以由安在人者。以漸而隱。視觀察在我者。亦漸而精。不惟小人易知。即竊君子之似者。亦無以遁其情。不惟君子易見。即存小人之心者。亦得以燭其隱。得是說以存之。以相天下士可也。（水鏡集卷三第五十二頁載。商瞿、年四十無子。孔子曰。勿憂。汝眼下隱有臥蠶紋。色甚黃明。當有五丈夫子。後果然。）

珊按、此與史記仲尼弟子列傳、正義引中備、正月與瞿母筮之說、稍異。姑錄存之。

孟子離婁。孟子曰、（亞聖）存乎人者、莫良於眸子。眸子不能掩其惡。胸中正、則眸子瞭焉。胸中不正、則眸子眊焉。聽其言也。觀其眸子。人焉廋哉。

（註）良、善也。眸子、瞳子也。瞭、明也。眊者、蒙蒙目不明之貌。蓋人與物接之時。其神在目。故胸中正、則神精而明。不正、則神散而昏。廋、匿也、言亦心之所發。故幷此以觀。則人之邪正。不可匿矣。然猶可以僞爲。眸子則有不容僞者。（解）欲求知人者。祇有當用之法。而無獨見之術。則人未必盡爲我知也。吾試爲人特標之。凡存乎人之身者。官骸悉具。何者不足爲我觀。而其最良者、莫如眸子。所以然者、人寐則神處於心。寤則神依於目。意念一動而瞻矚因之。故人有惡、類能巧飾以掩之。眸子則任眞而行。獨不能掩其惡也。何也、人之惡伏於胸中。胸中豈必盡惡。固有正不正兩端。必其胸中正、則神之見於眸子者、必瞭焉。若其胸中不正、則神之見於眸子者、必眊焉。夫至於眊、其惡亦已彰彰矣。此眸子所以莫良也。

皇帝識相（濞音淠）

史記、高祖本紀。及吳王濞列傳。漢高祖、姓劉氏。名邦。字季。沛豐邑中陽里人。秦時爲泗上亭長。二世立。帝起兵於沛。自立爲沛公。入咸陽。降秦王子嬰。除秦苛法。約法三章。已而項羽攻破咸陽。立帝爲漢王。以蕭何爲相。韓信爲大將。還定三秦。破羽於垓下。五年卽皇帝位。國號漢。建都關中。在位十二年。崩於長樂宮。壽五十有五。無謚。以其功高。故特稱高祖。高帝十一年。淮南王英布反。高帝自將往誅之。劉仲子、沛侯濞年二十。有氣力。以騎將從破布軍。布走。荊王劉賈爲布所殺。無後。上患吳會稽輕悍。無壯士以塡之。諸子少。乃立濞於沛爲吳王。（註）此高帝十二年丙午年也、　王三郡五十三城。已拜受印。高祖召濞相之。謂曰、汝狀有反相。（註）應劭曰、高祖有聰略、反相徑可知、至於東南有亂、克期五十、占者所知也、　心獨悔。業已拜。因附其背。告曰、漢後五十年。東南有亂者。豈汝耶。然天下同姓爲一家也。愼無反。濞頓首曰、不敢。景帝三年丁亥、濞果率吳楚七國反。濞兵敗。渡江走丹徒。爲人鏦殺。葬丹徒縣南。其地名相唐。（註）鏦音摠、小矛也、刺也、謂以戈刺之、

梁書本紀。梁元帝、姓蕭氏。名繹。字世誠。小字七符。武帝第七子。天監七年戊子。八月丁巳生。初封湘東王。侯景旣廢簡文帝。又廢豫章王而自立。世祖

命王僧辨平景大寶三年壬申、世祖猶稱太清、六年。四方征鎭。王公卿士。勸進表三上。冬十一月丙子、世祖乃卽位於江陵。（註）江陵縣、清屬湖北荆州府、　改太清六年爲承聖元年。時年四十五歲。州郡已大半入魏。詔令所行。千里而近。民戶著藉。不盈三萬。西魏遣于謹等、會蕭詧伐梁。承聖三年甲戌、十一月辛卯。魏軍大攻城陷。世祖見執。十二月辛未。西魏害世祖。遂崩焉。在位三年。追尊孝元皇帝。廟號世祖。世祖聰明俊朗。天才英發。凡百技術。無所不該。初從劉景受相術。因訊以年。答曰、未至五十。當有小厄。禳之可免。世祖自勉曰、茍有期會。禳之何益。後果如景言。壽僅四十有七。著有孝德傳、忠臣傳、周易講疏、老子講疏、筮經、洞林文集等書。都四百三十卷。

朝野僉載云。唐王顯、與文武皇帝。（註）姓李名世民、高祖次子、在位二十三年、有嚴子陵之舊。每掣褌爲戲。（註）褌、音昆、袴也、　捋帽爲歡。（註）捋、讀如勒、以指歷取也、帝微時、嘗戲曰、王顯抵老不作繭。（註）作繭、蠶老則作繭而成蛹、喻入仕爲官也、及帝登極而顯謁。因奏曰、臣今日得作繭耶。帝笑曰、未可知也。召其三子、皆授五品。顯獨不及。謂曰、卿無貴相。朕非爲卿惜也。曰、朝貴而夕死。足矣。時僕射房玄齡曰、陛下既有龍潛之舊。何不試與之。帝與之三品。取紫袍金帶賜之。其夜卒。

相法證驗。耶律楚材。面目醜怪。元太祖贊曰、目光湛湛。如龍睛之威。開闔閃灼逼人。其材足以正天下。伯顏丞相曰、據臣所觀。但見貌醜質粗。太祖曰、朕常與紫碧眼道者論相。不必全美。只要辨明清濁二種。方入其妙。遂召紫碧眼相云。形骸外見。神氣內滋。氣清形濁。雖醜必貴。氣濁形清。雖美亦賤。今楚材之相。面雖黑醜。奇在目中之眞光湛湛。如有源之泉。愈動愈清。眉雖濃。而有伏彩之秀。此誠輔佐良臣也。後果爲相。忠君愛民。太祖每見。輒曰、汝又爲百姓哭耶。楚材曰、臣非好哭。百姓者、人主之百姓也。若陛下寬一分、則民受一分之惠。興一利、不如除一害也。太祖重其人。每上章、言聽計從。天下陰受其福。後以功封廣甯王。

名臣識相

東軒筆錄。宋馬尚書亮、以中書員外郞、直史館。使淮南時、呂許公夷簡、尚爲布衣。方侍其父罷江外縣令。亦至淮甸。上書求見馬公。一閱、知其必貴。遂以女妻之。後許公果爲宰相。馬公知江甯府時。陳恭公執中以光祿寺丞經過。馬接之極厚。且謂曰、寺丞他日必至眞宰。令其數子出拜。曰、願以老夫之故。他日稍在陶鑄之末。曾諫議致堯、性剛介。少許可。一日在李侍郎虛己座上。見晏元獻公晏、李之壻也。時方爲奉禮郞。諫議熟視之曰、晏奉禮、他日貴甚。但老夫耄矣。不及見子爲相也。呂許公夷簡爲相日。文潞公彥博爲太常博士進謁。許公改容禮接。因語之曰。太博此去十年。當踐某位。夏英公竦、守黃州時。龐穎公司理參軍。英公曰。龐司理他日富貴遠過於我。既而四公皆至元宰。古云、貴人多識貴人。信有之也。

珊按、宋史本傳、馬亮字叔明、合肥人、官工部尙書、知江甯府、以太子太保致仕、謚忠肅。　晏殊字同叔、臨川人、官集賢殿學士、同平章事、謚元獻。　夏竦字子喬、德安人、歷樞密使、封英國公、謚文莊。　龐籍字醇之、武成人、官觀文殿學士、戶部侍郞、以太子太保致仕、封潁國公、謚莊敏。

又云、馮拯之父爲中令趙普家內知。蓋勾當本宅事者也。一日中令下簾獨坐。拯方十餘歲。彈雀於簾前。中令熟視之。召坐與語。其父遽至。惶恐謝過。中令曰、吾視汝之子。乃至貴人也。因指其所坐榻曰、此子他日當至吾位。馮後相眞宗、仁宗、位至侍中。

珊按、宋史本傳、馮拯字道濟、河陽人、卒贈太師中書令、謚文懿、

定命錄。唐御史裴周使幽州日。見參謀姓胡。云是易州人。項有刀痕。問之。對曰、某昔爲番官。曾事特進李嶠。嶠奬某聰明。每有詩什。皆令收掌。嘗熟視

謂之曰、汝甚聰明。然命薄少官祿。年至六十已上。方有兩政。三十有重厄。不知得過否。爾後轗軻。至三十。忽遇張佺北征。便隨入軍。軍敗。賊刃頸、不、斷。於積屍中臥經一宿。乃得活。自此以後。每憶李公之言。更不敢覓官。於寺中洒掃。展至六十。因至鹽州。於刺史郭某家爲客。有日者見之。謂刺史曰、此人有官祿。今合舉薦。前十月當得官。刺史曰、此邊遠下州。某無公望。豈敢輒薦人。俄屬有恩赦。令天下刺史各舉一人。其年五月。郭舉此人有兵謀。至十月。策問及第。得東宮衛左官。仍參謀范陽事。

定命錄。唐戶部尚書范陽盧承慶。有兄子、將笄而嫁之。謂弟尚書左丞承業曰、吾爲此女、擇得一壻。乃曰、裴居道。其相位極人臣。然恐其非命破家。不可嫁也。承業曰、不知此女相命。終他富貴否。因呼其姪女出。兄弟熟視之。承業又曰、裴郎位至郎官。其女卽合喪逝。縱遭後事。不相及也。卒嫁與之。居道官至郎中。其妻果歿。後居道竟拜中書令。被誅籍沒。久而方雪。

青箱雜記、陳執中字昭譽。好閱人。而解賓王最受知。初爲登州黃縣令。素不相識。執中一見卽大用。勑舉京官。及後作相。又薦館職。賓王仕至工部侍郎致政。家雄富。諸子皆京秩。年七十餘卒。賓王爲人方頤大口。敦龐重厚。左足下有黑子甚明大。

珊按、宋史本傳、陳執中官吏部尚書、復拜同平章事、累晉昭文館大學士、

聞見前錄云。富韓公之父貧甚。客呂文穆公門下。一日白公曰。某兒子十許歲。欲令入書院事廷評太祝。公許之。其子韓公也。文穆見之驚曰、此兒他日名位與我相似。亟令諸子同學。供給甚厚。文穆兩入相。以司徒致仕。後韓公亦兩入相。以司徒致仕。文穆知人之術如此。文靖公亦受其術。文潞公自兗州通判代歸。文靖一見奇之。問潞公曰、有兗州墨攜以來。明日潞公進墨。文靖熟視久之。蓋欲相潞公手也。薦潞公爲殿中侍御史。爲從官、

平貝州。出入將相五十年。以太師致仕。年踰九十。天下謂之文富。

珊按、宋史本傳、富弼、字彥國、河南人、官司徒、請老、加拜司空、進封韓國公、致仕、謚文忠。　呂蒙正、字聖功、河南人、以司徒致仕、加司空、謚文穆。　呂夷簡、字坦夫、壽州人、請老、以太尉致仕、謚文靖。　文彥博、字寬夫、介休人、以太師致仕、封潞國公、謚忠烈、亦稱文潞公。

大將識相

譚賓錄、唐李勣。每臨陣選將。必相有福祿者。而後遣之。人問其故。對曰。薄命之人。不足與成功名。君子以爲知言。

珊按、唐書本傳、李勣、字懋功、曹州離狐人、官尚書左僕射、進位太子太師、卒年八十六。謚貞武、

唐書、劉沔傳。劉沔、字子汪。徐州彭城人。父廷珍。以羽林軍扈德宗奉天。以戰功。官左驍騎大將軍、東陽郡王。沔少孤。客振武節度使。范希朝。署牙將軍

中大會沔捉刀立堂下、希朝奇之。召謂曰。後日必處吾坐。希朝卒入爲神策將。太和末、累遷大將軍、擢涇原節度使。

珊按、唐書本傳、范希朝、字致君、河南虞鄉人、官朔方靈鹽節度使、以太子太保致仕、謚忠武、

處士識相

前定錄。喬琳、以天寶元年冬。自太原赴舉至大梁。舍于逆旅。時天寒雪甚。琳、馬死。傭僕皆去。聞浚儀劉彥莊、喜賓客。遂往告之。彥莊客、中屠生者。善鑒。人自云八十已上。頗箕踞傲物。座雖知名之士。未嘗與之揖讓。及琳至。則言款甚狎。彥莊異之。琳既出。彥莊謂生曰、他賓客、賢與不肖未嘗見生與之一言。向者喬生一布衣耳。何詞之密歟。生笑曰、此固非常人也。且當爲君之長吏。宜善事之。必獲其報。向與言。蓋爲君結交耳。然惜其情反於氣。心不稱質。若處極位。不至百日。年過七十。當主非命。子其志之。彥莊遂館

之數日。厚與車馬。送至長安。而申屠生亦告去。且曰、我厚君之惠。今有以報矣。請從此辭。竟不知所在。琳後擢進士登第。累佐大府。大歷中、除州刺史。時彥莊、任修武令。誤斷獄。有死者爲其家訟寃。詔下御史劾其事。及琳至。竟獲免。建中初、徵拜中書侍郎平章事。在位八十七日。以疾罷。後朱泚搆逆。方削髮爲僧。泚知之。竟逼受逆命。及收復。亦陳其狀。太尉李晟欲免其死。上不可。遂誅之。時年七十一矣。

江寧府志。宋劉虛白、金陵人。善相。陳執中爲撫州通判。使者將劾之。虛白曰、無患。公當作宰相。使者果被召。半道而去。王益、知韶州日。幾大拜。還金陵。召虛白問狀。虛白曰、當得一都官止耳。益大不懌。以他事訟繫之。已而益果終都官郎中。

浙江通志。明吳國才。奉化人。悉心唐舉之術。遠歸訪故舊。不在。其孫開肆。緘留而去。祖歸。孫曰、頃有吳叟留書曰。此國才先生也。風鑒最妙。相汝色。汝婦當粉骨碎身。其慎之及期、俾婦坐新室。竟日不出。抵暮食既。啓檻取水。虎爪之入山以食門人袁柳莊、侍成祖。問其所與。以國才對。遣使召試之。果然。將錫以官國才以福薄辭。果卒。

江寧府志明、馮鶴鹿。句容人。早歲不識一丁。壯遇異人。遂精相術。且通義理。有陳某求其相。判云、宴罷瓊林志氣豪。洛陽新柳映宮袍。文章事業俱堪羨。不使霜飛上鬢毛。其人竟發而不壽。又相興化一人。戒其元正、勿出戶。恐有大災。其人從之至初五日、爲妻所逼。出拜婦翁。行至橋上。値有弄獅戲者。爲觀者所排。殞於橋下。生平語多奇驗如此。隨李文定公門下。三十餘年。數月之前。自言死日。果卒。

丹徒縣志方技、清、楊龐。字仁常。自號六鶴居士。幼聰慧。目甚異。能相人吉凶。値明亡。棄舉業遊浙東。遇一異人。謂龐曰、子毋效江湖術士。從吾遊。可識川嶽鍾靈之秀。遂從遊。足跡遍天下。相人術益工。善以氣色定人窮通。以骨格定人夭壽。以聲音定人貴賤。以舉止定人生死。萬無一失。嘗曰、相人別有神會。不在五官六府間也。其言如此。

女士識相

宋書高帝紀。初桓玄篡位。遷晉帝於尋陽。桓修入朝。高祖從至建業。玄見高祖。謂司徒王謐曰。昨見劉裕。其風骨不恆。蓋人傑也。每遊集。贈賜甚厚。玄妻劉氏。尚書令、躭之女也。聰明有智鑒。嘗見帝。因謂玄曰。劉裕龍行虎步。瞻視不凡。恐不爲人下。宜早爲之所。玄曰、我方平蕩中原。非裕莫可。待關隴平定。然後議之。玄卒爲帝所滅。

唐書王珪傳云。王珪、字叔玠。太原祁人。始隱居時、與房玄齡、杜如晦善。母李嘗曰。而必貴。然未知所與游者何如人。而試與偕來。會玄齡等過其家。李闚大驚。敕具酒食。歡盡日。喜曰、二客公輔才。汝貴不疑。珪後歷官禮部尚書。謚懿。

神相證驗。唐、劉夫人南華人。父晏官吏部尚書。乃侍郎潘炎之妻也。有知人鑑。京尹某有故。伺候累日不得見。遺閽者三百縑。夫人聞之。謂潘曰、豈爲人臣、京尹願一謁見。遺奴三百縑。其危可翹足而待也。遽勸夫、避位於其子、孟陽。後孟陽爲戶部侍郎。夫人憂惕。謂曰、以爾人材相貌。位列丞郞。官不稱形。吾懼禍之必至也。潘公解諭再三。乃曰不然。試會同列吾觀之。因遍招同寅客至。夫人垂簾視。喜曰皆爾儕也。不足憂。問末座綠衣少年何人。曰補缺杜黃裳。曰此人相貌全別。必至有名卿相。汝默識之。後果如其言。

珊按、新唐書云。潘炎進禮部侍郎。以病免。殆夫人勸其避位於子孟陽耳。及孟陽爲侍郎。而夫人又憂其人材相貌不稱。後果譽望大喪。年未四十而卒。唐書本傳。杜黃裳、萬年人。擢進士第。官至河中晉絳節度使。封邠國公。卒諡宣獻。

雲溪友議。苗夫人、乃太宰晉卿之女。累代台鉉、張延賞之夫人也。壺關人。時選子壻、無當意者。夫人幼習相人書。有慧鑑。別英銳。見韋皋秀才。字城武。萬年人。曰、此人五嶽相朝。四瀆連接。眉有伏彩。眼有眞光。鼻旣直。耳亦厚。口方聲響。足短手長。乃是貴徵。遂以女妻之。韋初爲殿中侍御史。權知隴州行營留後。連拒朱泚僞命。迭斬其使。拜奉義軍節度使。貞元間、竟代延賞爲劍南西川節度使。經略滇南。諸蠻皆內附。封南康郡王。順宗立、詔檢校太尉。卒贈太師。謚忠武。苗夫人預言其貴。誠不誣也。

珊按、參閱新唐書韋皋本傳。

泊宅編。宋尙書右丞、胡宗愈夫人丁氏。司封員外郎、宗臣之女。自幼穎慧。無所不能。其善相人。蓋出天性。在西府時。常於牕隙。遙見蔡丞相確。謂右丞曰。蔡相全似盧多遜。或以盧蔡肥瘠色貌不同詰之。丁氏曰、吾雖不及見盧。但常一觀其畫像。與今丞相神采相似。爾後蔡果南竄。又戶部尙書李常、除老龍尹。成都塗中貽右丞書。丁氏一見其字畫。驚曰、此人身筆已倒。不久數盡。須病咽喉而死。李公行次鳳翔中毒而卒。

珊按、宋史姦臣傳、蔡確。字持正、泉州晉江人、貶英州別駕、新州安置、卒于貶所、　宋史本傳、盧多遜、懷州河內人、配流崖州、雍熙二年、卒于流所、年五十二、

相識聖人

韓詩外傳。孔子出衞之東門。逆姑布子卿。曰、二三子引車避。有人將來。必相我者也。志之。姑布子卿亦曰、二三子引車避。有聖人將來。孔子下步。姑布子卿迎而視之五十步。從而望之五十步。顧子貢曰、是何爲者也。子貢曰、賜之師也。所謂魯孔丘也。姑布子卿曰、是魯孔丘歟。吾固聞之。子貢曰、賜之師、何如。姑布子卿曰、得堯之顙。舜之目。禹之頸。皋陶之喙。從前視之。盎盎然。似有王者。從後視之。高肩弱脊。此惟不及四聖者也。子貢吁然。姑布

子卿曰、子何患焉。汙面而不惡、葭喙而不藉。遠而望之、羸乎若喪家之狗。子何患焉。子貢以告孔子、孔子無辭、獨辭喪家之狗耳。曰、丘何敢乎。子貢曰、汙面而不惡、葭喙而不藉。賜已知之矣。不知喪家狗何足辭也。子曰、賜、汝獨不見夫喪家之狗歟。既歛而椁、布器而祭、顧望無人。意欲思之、上無明王。下無賢士、方伯王道衰。政教失。彊陵弱。衆暴寡。百姓縱心、莫之綱紀。是人固以丘爲欲當之者也。丘何敢乎。

相識帝王

左傳文公元年春。王使內史叔服來會喪。公孫敖聞其能相人也。見其二子焉。叔服云。穀也食子。難也收子。（註）穀文伯、難、惠叔也。食子、奉祭祀供養者也。收子、葬子身也。　穀也豐下。必有後於魯國。（註）豐下、蓋方面也、

史記越世家。勾踐已平吳。周元王賜勾踐胙。（註）胙、音祚、祭肉也。　命爲伯。（註）伯、布亞切、與霸同、　當是時、越兵橫行於江淮東。諸侯畢賀。號稱霸

王。范蠡遂去。遺大夫種書曰、蜚鳥盡。良弓藏。狡兔死。走狗烹。越王爲人長頸鳥喙。可與共患難。不可與共安樂。子何不去。種見書、稱疾不朝。人或讒種且作亂。越王乃賜種劍曰。子教寡人伐吳七術。寡人用其三而敗吳。其四在子。子爲我從先王試之。種遂自殺。

史記。秦王見尉繚、亢禮。衣服食飲與繚同。繚曰、秦王爲人。蜂準長目。鷙鳥膺。豺聲。少恩而虎狼心。居約易出人下。得志亦輕食人。我布衣也。然見我常身自下我。誠秦王得志於天下。天下皆爲虜矣。不可與久遊。乃亡去。王覺、固止之。以爲秦國尉。

漢書高帝本紀。單父人呂公。善沛令。避仇從之客。因家焉。呂宮者好相人。見高祖狀貌。因重敬之。曰。臣少好相人。相人多矣。無如季相。願季自愛。臣有息女。願爲箕帚妾。（**註**）張晏曰、古人相與語、多自稱臣。自卑下之道也。若今人相與言、自稱僕也。師古曰、息生也。言已所生之女。妾、婦人之謙稱。不可泥作副室解。史記陳平世家云陵母私送使者。泣曰、爲老妾語陵。謹事漢王。毋以老妾故。持二心。酒罷。呂媼怒呂公曰、公始常欲奇此女與貴人。沛令善公求之不與。何自妄許與劉季。呂公曰、此非兒女子所知。卒與高祖。呂公女卽呂后也。生孝惠帝。魯元公主。

吳志孫權傳、孫權字仲謀。兄策既定諸郡。時權年十五。以爲陽羨長。郡察孝廉。州舉茂才。行奉義校尉。漢以策遠修職貢。遣使者劉琬加錫命。琬語人曰、吾觀孫氏兄弟雖各才秀明達。然皆祿祚不終。惟中弟孝廉。形貌奇偉。骨體不恆。有大貴之表。年又最壽。爾試識之。

五代史、吳越世家云、錢鏐字具美。杭州臨安人也。臨安里中有大木。鏐時與羣兒戲木下。鏐坐大石。指麾羣兒爲隊伍。號令頗有法。羣兒皆憚之。及壯無賴。不喜事生業。以販鹽爲盜。縣錄事鍾起有子數人。與鏐飲博。起嘗禁其諸子。諸子多竊從之遊。豫章人有善術者。望牛斗間有王氣。牛斗、錢塘分也。因遊錢塘。占之在臨安。以相法隱市中。陰求其人。起與術者善、私謂起曰、占君縣有貴人。求之市中不可得。視君之相貴矣。然不足當之。起乃爲置酒、悉召縣中賢豪爲會。陰令術者徧視之。皆不足當。術者過起家。鏐適從外來。見起反走。術者望見之大驚曰、此眞貴人也。起笑曰、此吾旁舍錢生爾。術者召鏐至。熟視、之顧起曰、君之貴者因此人也。乃慰鏐曰、子骨法非常願自愛。因與起訣曰、吾求其人者、非有所欲也。直欲質吾術爾。明日乃去。起始縱其子等、與鏐遊。時時貸其窮乏。

相識將相

晉書陶侃傳。有善相者師圭謂侃曰。（註）侃、字士行、鄱陽人、 君左手中指。有豎理。當爲公。若徹於上。貴不可言。侃以針決之見血。灑壁而爲公字。以紙裛手。公字愈明。後累官太尉。都督荊江雍梁交廣益寧八州諸軍事。卒年七十六。謚曰桓。

大唐新語。李義府僑居於蜀。袁天綱見而奇之曰、此郎君貴極人臣。但壽不長耳。因請舍之託其子。曰、此子七品相。顧公提挈之義。府許諾。因問天綱壽幾何。對曰、五十二外。非所知也。安撫使李大亮、侍中劉洎等、連薦之。召見試鳥立成、其詩云、日裏颺朝彩。琴中半夜啼。上林許多樹。不借一枝棲。太宗深賞之。曰、我將全樹借汝。自門下典儀。超拜監察御使。其後位壽。咸如天綱之言。

唐書蕭嵩傳、蕭嵩、瓘子。貌偉秀美鬚髯。始娶會稽賀晦女。僚壻陸象先、宰相子。時爲洛陽尉。已有名。士爭往交。而嵩汨汨未仕。人不之異。夏榮者、善相。謂象先曰、君後十年貴。冠人臣。然不若蕭郎位高年艾。擧門蕃熾。

明皇雜記、唐開元末。杭州有孫生者。善相人。因至睦州。郡守令徧相僚吏。時房琯、字次律。河南人。爲司戶。崔渙、安平人。自萬年縣尉、貶桐廬丞。孫生曰、皆位至台輔。然房神器大寶。合在掌握中。崔後合爲杭州刺史。某雖不見。亦合蒙其恩惠。旣而房以宰輔、齎册書自蜀往靈武、授肅宗。崔後果爲杭州刺史、下車訪孫生。卽已亡旬日矣。署其子爲牙將。以粟帛賑䘏其家。
玉泉子云。唐、杜羔、字中立。少年時、贍於財產。它無所求。其所與遊者。徒利於酒肉。其實蔑視之也。一日、同送迎於城外逆旅。客有善相者。歷觀諸賓侶。獨指中立、曰此子異日當爲將矣。一座大笑。中立、後尙眞源公主、竟爲滄州節度使。

懷慶府志、唐、駱山人、濟源人。長慶元年辛丑。王庭湊使河陽。回及沇水。（註）沇、音兗、古濟水之源也、在河南濟源縣北、酒困。寢於道。山人熟視之曰。貴當列土。在今年秋。既歸。遇田弘正之難。軍士擁爲留後。訪山人。待以函丈之禮。（註）函丈、講席也、乃別構一亭。去則懸榻。號駱氏亭。

五代史、李周傳、李周、字通理。年十六。邢州內丘人。爲內丘捕賊將。以勇聞。是時梁晉兵爭山東。羣盜充斥。道路行者、必以兵衞。內丘人盧岳。將徙家太原。舍逆旅。徬徨不敢進。周意憐之。爲送至西山。有盜從林中射岳。中其馬。

周大呼曰。吾在此。孰敢爾耶。盜聞其聲。曰、此李周也。因各潰去。周送岳至太原。岳謂之曰、吾少習星曆。且工相人。子方頤隆準。眉目舒徹。身長七尺。眞將相也。吾占天象。晉必有天下。子宜留事晉。以圖富貴。周後乃仕唐歷晉。終開封尹。

青箱雜記、宋夏文莊公竦、字子喬。謫守黃州時。龐穎公籍、字醇之。爲郡掾。文莊識之異。禮優待。而龐嘗有疾。以爲不起。遂屬文莊後事。文莊親臨之。曰、異日官爲貧宰相。亦有年壽。疾非其所憂。龐語之曰、己爲宰相。豈得貧耶。文莊曰、但於一等人中。爲貧耳。故龐公晚年退老。作詩述其事曰、田園貧宰相。圖史富書生。爲是故也。

輟耕錄、元國初、有李國用者。自北來杭。能望氣占休咎。能相人。其人崖岸倨傲。而時貴咸敬之。謝后諸孫、字退樂者、設早饌延致。至卽據中位。省幕官皆坐下坐。不得其一言禍福。時趙文敏公謂之七司戶。與謝婣戚。居來同飯。文敏公風瘡滿面。李遙見卽起迎。謂坐客曰。我過江。僅見此人耳。瘡愈卽面君。公輩記取。異日官至一品。名聞四海。襄陽未破時、世皇命其卽軍中望氣。逾三兩舍。遄還奏曰、臣見卒伍中。往往有台輔器。襄陽不破。江南不平。置此人於何地。噫、李之術亦神矣。國用登州人。嘗爲卒。遇神仙。敎以覩日之法。能洞見肺腑。世稱神相。

江寧府志。明、李槐善風鑑。居金陵。朱蘭嵎太史爲諸生時。槐決其必售。及會試入京。復遇槐。曰、精采殊常。鼻端已正。奪魁無疑。脚指甲。如有楞。功名有萬里之行。榜發果驗。後册封高麗。如其言。一日謂太史曰、尊人數已盡。恐不能越冬至。當備後事。杜村公果以冬至前卒。太史丁艱家居。槐之子忽載槐柩至。太史贈以金、及酒米等物。其子出父書、則具載書中。蓋已前知之矣。

相識忠臣

晉書陳訓傳。甘卓爲歷陽太守。訓私謂所親曰、甘侯、頭低而仰視。相法名盼刀。又目有赤脈。自外而入。不出十年。必以兵死。不領兵、則可免。卓果爲王敦所害。丞相王導多病。每自憂慮以問訓。訓曰、公耳豎垂肩。必壽。亦大貴。子孫當興於江東。咸如其言。

珊按、晉書藝術傳、陳訓、字道元、歷陽人、少爲祕學、天文算數、陰陽占候、無不畢綜、尤善風角、孫皓以爲奉禁都尉、吳亡入晉、隨例內徙、拜諫議大夫、俄而去職、還鄉、年八十餘卒、　晉書本傳、甘卓、字季思、丹陽人、元帝初渡江、授卓揚威將軍、歷陽內史、累官鎭南大將軍、侍中、都督荆梁二州諸軍事、荆州牧、梁州刺史、率部討敦、被害、大寗中追贈驃騎將軍、謚曰敬、

癸辛雜識。文時學、昔爲祕書郎。時有金鈞相士、朝省會日、擠於廳吏輩。入省中、徧閱識館職。繼而扣之。云左偏坐二人。一月皆當補外。潘墀、王世傑也。

末坐一少年。最不佳。官雖極穹。然當受極刑。扣其何以知之。云頂有拳髮。此受刑之相也。凡人若具此相。無得免者。蓋文宋瑞時爲正字。居末坐也。未幾潘玉果出而宋瑞之事。乃驗於兩紀之後。可謂神矣。

珊按、宋史本傳文天祥字宋瑞、號文山、又字履善、理宗時進士、官至江西安撫使、元兵入寇、天祥應詔勤王、受命使元軍、被執、遁入眞州、時端宗立於福州、拜天祥右相、封信國公、募兵轉戰、力圖恢復、兵敗被執、不屈、作正氣歌以見志、遂就死、

浙江通志。明、僧如蘭。富陽人。善相術。于肅愍公少時博戲市中。如蘭見之曰、少年何不自愛。異時救世才也。時有道人在傍曰、相如斯己乎。如蘭更熟視。曰、惜不令終。道人曰、和尚可敎矣。問其姓名。不答而去。

珊按、明史本傳、于謙字廷益、永樂進士、宣宗時歷官中外、頗有政績、英宗土木之變、京師震驚、羣議南渡、謙議立景帝、定策固守、以社稷安危

爲己任、官至兵部尙書、英宗復辟被殺、弘治時、諡肅愍、萬曆時、改諡忠肅、

相識姦臣

孔叢子執節篇。魏安釐王、問子順曰、馬回之爲人雖少才文。梗梗亮直。有大丈夫之節。吾以爲相。可乎。答曰、知臣莫若君。何有不可。至於亮直之節。臣未明也。王曰、何故。答曰、聞諸孫卿云。其爲人也。長目而豕視者。必體方而心圓。每以其法相人。千百不失。臣見回。非不偉其體幹也。然甚疑其目。王卒用之。三月。果以謟得罪。

杭州府志。宋僧妙應、江南人。佯狂。知人休咎。蔡京罷居錢塘。相其貌似虎。書壁有看取明年作宰相。舞爪張牙吃衆生之句。又書云。衆生受苦。兩紀都休。悉如其言。　江南府志又云。僧妙應、六合人、姓李氏。受業於釋迦院。誦經典。欲造佛殿。化緣揚州。市有道人。以相法授之。遂精其術。遊京師、以東

明二字贈蔡京。京始謂其字無益。後貶潭州。卒於東明寺。始驗。

珊按、宋史姦臣傳、蔡京、字元長、興化仙遊人、熙寧進士。徽宗時。因童貫得爲尚書右僕射。兼中書侍郎、排斥元祐諸臣、復王安石新法、凡四出執國政、專以奢侈中帝意、倡豐亨豫大之說、廣興土木、庫儲掃地。徧布戚黨、疾視人民、遂有靖康之變、欽宗立、貶韶儋二州、行至潭州死、年八十。

浙江通志。宋布袍道者、不知何許人。賈似道、嘗馳馬出遊湖山。小憩棲霞嶺下。道者瞪目視曰、官人可自愛重。將來功名。不在韓魏公下。賈意其侮而去。既而醉博平康。至於破面。他日復遇。道者頓足驚嘆曰。可惜可惜。天庭已破。必不能令終矣。其後悉驗。

珊按、宋史姦臣傳、賈似道、字師憲。台州人、理宗時、以姊爲貴妃、累官左丞相、兼樞密使、軍漢陽、會元兵攻鄂州、似道割地納幣請和、詭以鄂州闈解表聞、度宗立、似道益專政、同平章軍國事、封魏國公、尋元兵迫建康、宋軍屢敗、陳宜中等劾似道罪、貶之至漳州、孫虎臣殺之、

相識后妃

漢書高祖本紀。高祖、嘗告歸之田。呂后、與兩子、居田中。有一老父過。請飲。呂后因餔之。老父相后曰。夫人天下貴人也。令相兩子。見孝惠帝曰、夫人所以貴者。乃此男也。相魯元公主、亦皆貴。老父已去。高祖適從旁舍來。呂后具言客有過。相我子母、皆大貴。高祖問曰。未遠。乃追及問老父。老父曰、鄉者夫人兒子。貴皆以君。君相貴不可言。高祖乃謝曰、誠如父言。不敢忘德。及高祖貴。遂不知老父處。

晉書、孝武文李太后傳云、李太后、諱陵容。本出微賤。始簡文帝、爲會稽王。有三子。俱夭。自道生、廢黜。獻王、早世。其后諸姬絕孕。將十年。帝令卜者扈謙筮之。曰、後房中有一女。當育二貴男。其一終盛晉室。時徐貴人、生新安公

主。以德美見寵。帝常冀之有娠、而彌年無子。會有道士許邁者。朝臣時望。多稱其得道。帝從容問焉。答曰、邁是好山水人。本無道術。斯事豈所能判。但殿下德厚慶深。宜隆奕世之緒。當從扆謙之言。以存廣接之道。帝然之、更加采納。又數年無子。乃令善相者、召諸姬妾而示之。皆云非其人。又悉以諸婢媵示焉。時后爲宮人。在織坊中。形長而色黑。宮人皆謂之崐崙。既至。相者驚云、此其人也。帝以大計、召以侍寢。后、數夢兩龍枕膝。日月入懷。以爲吉祥。向儕類說之。帝聞而異焉。遂生孝武帝、及會稽文孝王、鄱陽長公主。

北夢瑣言。後唐、周元豹、燕人。少爲僧。其師有知人之鑒。從游十年。不憚辛苦。遂傳其祕。還鄉歸俗。明宗夏皇后、方事巾櫛。有時忤旨大犯夏楚。明宗忽召相之。元豹曰、此人有藩侯夫人之位。當生貴子。其效果驗。明宗自鎭帥入篡。謂侍臣曰。周元豹昔曾言朕事。頗有徵。可詔北京津置赴闕、趙鳳曰、袁許之事。元豹所長若詔、至、輦下人、卽、爭問、吉、凶。乃令就賜金帛。官至光祿卿、年八十而終。

聞見前錄章獻明肅太后。成都華陽人。少隨父下峽。至玉泉寺。有老僧者、善相人。謂其父曰、君貴人也。及見后、則大驚曰、君之貴以此女。既而曰、遠方不足留。盍遊京師乎。父以貧爲辭。長老者贈以中金百兩。后之家、至京師。眞宗判南衙。因張耆納后宮中。帝卽位。爲才人。進宸妃至正位宮闈。聲勢動天下。仁宗卽位。以太皇太后。垂簾聽政。

相識淑女

漢書黃霸傳。黃霸少爲陽夏游徼。與善相者、共載出見一女子。相者言此女子當富貴。不然。相書不可用也。霸推問之。乃其鄉里巫家女也。霸卽娶爲妻。與之終身。爲丞相後。徙杜陵。

東軒筆錄。宋王克正、仕江南。歷貴官。歸本朝直舍人院。及死。無子。其家修佛事爲道場。唯一女十餘歲。縗經跪爐於像前。會陳摶入弔。出語人曰、王氏女、吾雖不見其面。但觀其捧爐手相甚貴。若是男子。當白衣入翰林。女子嫁。卽爲國夫人矣。後數年、陳晉公恕爲參知政事。一日便坐奏事。太宗從容問曰、卿娶誰氏。有幾子。晉公對曰、臣無妻。今有二子。太宗曰、王克正、江南舊族。身後惟一女。頗聞令淑。朕甚念之。卿可作配。晉公辭以年高、不願娶。太宗敦諭再三。晉公不敢辭。遂納爲室。不數日封郡夫人。如陳之相也。

相能爲國家解決疑問

左傳。初、楚子將以商臣爲太子。訪諸令尹子上。子上曰、君之齒未也。而又多愛黜。乃亂也。楚國之舉。恆在少者。且是人也。蠭目而豺聲。（註）蠭與蜂同、豺、音才、獸名、與狼同類異種、忍人也。不可立也。弗聽。既又欲立王子職。而黜太子商臣。商臣聞之。以宮甲圍成王。王請食熊蹯而死。（註）熊蹯、卽熊掌、蹯、音煩、獸足也、弗聽。丁未王縊。

春秋後語。平原君、對趙王曰。澠池之會。臣察武安君之爲人也。小頭而銳。瞳子白黑分明。眡瞻不轉。小頭而銳者。斷敢行也。瞳子白黑分明者。見事明也。眡瞻不轉者。執志强也。（註）眡讀如視、古文通用。 可與持久。難與爭鋒。廉頗爲人勇鷙而愛士。知難而忍恥。與之野戰。則恐不如。守。足以當之。王從其計。（註）澠音繩、蒸韻、澠池今縣名、戰國韓邑、漢置縣、明淸皆屬河南省。

宋史蕭注傳。蕭注、字巖夫。臨江新喻人。能相人。自陝西還。帝問注、韓絳爲安撫使。施設何如。對曰、廟算深遠。臣不能窺。然知絳當位極將相。帝喜曰、果如卿言。絳必成功。問王安石。曰、安石牛目虎顧。視物如射。意行直前。敢當天下大事。然不如絳得和氣多。惟氣和能養萬物爾。

揚州府志。宋、妙應方。善相。名聞天下。高宗駐維揚。應方館於張浚家。一日自外歸。語浚。適見城中人。有死氣者十七八。必金兵將至之兆。宜勸上南渡。浚素神其術。即入奏。上欲留元夜觀燈。未決。俄粘罕寇至。車駕亟行。城中死者無數。

珊按、宋史本傳、張浚、字德遠、漢州緜竹人、卒贈太師、謚忠獻、

江寧府志方技元、蔡槐、德與人。僑居建康工相術。莫知所師授與人言。率肆意指陳。無所諱避。人信而畏之。至元丙戌、與學士傅立等偕召。詔問朕壽幾何。對曰、仁者壽。陛下壽及八旬。時春宮未建。嘗賜見便殿。俾定儲君、於諸王孫中。對曰、某太孫龍鳳之姿。天日之表。他日必爲太平天子。後七年登極。卽成宗也。久之大臣有爲姦利者、請問休咎。槐拒不往。他日見於朝。辭色甚怒。槐曰、相公能愛國愛民。自可享期頤之福。何問爲。然亦懼其譏。授集賢學士。辭不拜。乞歸田里。從之。復其家稅役。隱居鍾山臺省以下。恆歲時存問。數年、時相果敗。元貞改元、復召、不赴。以疾終。

相能爲國家培植人材

漢書翟方傳。翟方進、字子威。汝南上蔡人也。家世微賤。至方進父翟公、好學。

爲郡文學方進年十二三失父孤學給事太守府爲小史號遲鈍不及事數爲掾史所詈辱方進自傷乃從汝南蔡父相問已能所宜（註）言從何藝術可以自達、蔡父大奇其形貌謂曰、小史有封侯骨當以經術進努力爲諸生學問方進既厭爲小史聞蔡父言心喜因病歸家辭其後母欲西至京師受經母憐其幼隨之長安織屨以給方進讀經博士受春秋積十餘年經學明習徒衆日廣諸儒稱之以射策甲科爲郎後爲丞相封高陵侯（註）屨音句、遇韻、麻履也、

魏志鍾繇傳鍾繇、字元常潁川長社人也嘗與族父瑜俱至洛陽道遇相者曰此童有貴相然當厄於水努力愼之行未十里度橋馬驚墜水幾死瑜以相者言中益貴繇而供給資費使得專學舉孝廉除尙書郎陽陵令累官太傅太和四年已巳卒帝素服臨弔謚曰成侯

蜀志鄧芝傳鄧芝、字伯苗義陽新野人漢司徒鄧禹之後也漢末入蜀未見

知。待時。益州從事張裕善相。芝往從之。裕謂芝曰。君年過七十。位至大將軍。封侯。芝聞巴西太守龐羲好士。往依焉。後歷前將軍。領兗州刺史。封陽武亭侯。爲大將軍二十餘年。

晉書魏詠之傳、魏詠之字長道。任城人也。家世貧素。而躬耕爲事。好學不倦。生而兎缺。有善相者謂之曰。卿當富貴。年十八。聞荊州刺史殷仲堪帳下。有名醫能療之。貧無行裝。謂家人曰、殘醜如此。用活何爲。遂齎數斛米西上。以投仲堪。既至。造門自通。仲堪與語。嘉其盛意。召醫視之。醫曰、可割而補之。但須百日進粥。不得笑語。詠之曰、半生不語。而有半生。亦當療之。況百日耶。仲堪於是處之別屋。令醫善療之。唯食薄粥。其厲志如此。及補、仲堪厚資遣之。初爲州主簿、桓玄竟不調而遺之。詠之早與劉裕游款。及玄篡位。協贊義謀。玄敗。授建威將軍、豫州刺史、義熙初、進征虜將軍。持節都督六州。領南蠻校尉。詠之初在布衣。不以貧賤爲恥。及居顯位。亦不以富貴驕人。始爲仲堪之客。未幾竟踐其位。論者稱之。尋卒於官。謚曰桓。

魏書寇讚傳。寇讚、字奉國。上谷人。身長八尺。姿容嚴凝。非禮不動。歷爵河南公。加安南將軍。領護南蠻校尉。仍刺史。分洛豫二州之僑郡而益之。雖位高爵重。而接待不倦。初讚之未貴也。嘗從相者唐文相。文曰、君頟上黑子入幘。位當至方伯。封公。及貴也、文以民禮拜謁。仍曰、明公憶民疇昔之言乎。爾日、但知公當貴。不能自知得爲州民也。讚曰、往時卿言杜瓊不得官長人。咸謂不然。及瓊被選爲盩厔令。（註）盩厔、讀如周窒、今縣名屬陝西、卿猶言相中不見。而瓊果以暴疾不拜。而終昔魏舒見主人兒死。自知己必至公。吾嘗以卿言瓊之驗。亦復不息此望也。

隋書宇文述傳。宇文述、字伯通。代郡武川人。年十一。時有相者謂述曰、公子善自愛。後當位極人臣。周武帝時、以父軍功起家。拜開府儀同三司。及卒、贈司徒尙書。謚曰恭。

宋史王彥超傳。王彥超、大名臨淸人。性溫和恭謹。能禮下士。少事後唐魏王繼岌。繼岌討蜀。還至渭南。會明宗卽位。繼岌遇害。左右遁去。彥超乃依鳳翔重雲山僧舍暉道人爲徒。暉善觀人。謂彥超曰。子富貴人也。安能久居此。給資帛遣之。時晉祖帥陜。乃召至帳下。委以心腹。入宋。爲金吾衞上將軍。封邠國公。(註)邠音賓、古國名、周之先也。

歸田錄、錢副樞若水。字澹成。一字長卿。河南新安人。嘗遇異人傳相法。其事甚怪。錢公後傳楊億、字大年。建州浦城人。故世稱此二人。有知人之鑒。仲簡字畏之。揚州江都人。少習明經。以貧傭書大年門下。大年一見奇之。曰子當進士及第。官至淸顯。乃敎以詩賦。天禧中舉進士第一甲及第。官至正郞。天章閣待制以卒。

元史洪福源傳。洪君祥、小字雙叔。福源第五子也。年十四。隨兄茶丘、見世祖於上京。帝悅。命劉秉忠相之。秉忠曰、是兒目視不凡。後必以功名顯。但當致力於學耳。令選師儒誨之。

桯史、宋內黃傅珏者。（註）珏音覺、　以財雄大名。父世隆。決科爲二千石。珏不力於學。弁鶡碌碌下僚。獨能知人。嘗坐都市閱公卿車騎之過者。言他日位所至。無毫髮差。初不能相術。每曰、予自得於心。亦不能解也。嘗寓北海、王沂公曾始就鄉舉。珏偶俟其姻於棘闈之外。遇之。明日以雙筆要而遺之。曰公必冠多士。位宰相。它日無相忘。聞者皆笑。珏不爲怍。遂定交。傾貲以助其用。沂公賴之。既而如言。故沂公與其二弟、以兄事之。終身不少替。前輩風誼。凜凜固可敬。而珏之識亦未易多得也。珏死明道間。官止右班殿直監博州酒。其孫獻簡、堯兪元祐中爲中書侍郎。自誌其墓。余嘗見前輩所記云。（註）弁音卞、鶡音曷。

珊按、宋史本傳、王曾、字孝先、青州益都人、咸平中由鄉貢試、禮部廷對皆第一、相仁宗、寶元元年終、判鄆州、贈侍中、諡文正　宋史范質傳、范質、字文素。大名宗城人。既登朝、猶手不釋卷。人或勞之。質曰、有善相者謂我異日位宰輔。誠如其言。不學何術以處之。後從世宗征淮南。詔令多出其手。吳中文士、莫不驚服。卒年五十四。質性卞急。好面折人。以廉介自持。未嘗受四方饋遺。前後所得祿賜。多給孤遺。閨門之中食不異品。身沒家無餘貲。太祖因論輔相。謂侍臣曰、朕聞范質止有居第。不事生產。眞宰相也。(註)鄆音運、鄆城、今縣名、屬山東省。

無錫縣志。明顧節、字公理。性伉直。好面折人過。常減息緩急於人。然晚而所殖益厚。善許負術。自謂其女當大貴。時邵文莊寶、三歲喪父。家甚貧。無肯以女妻者。節一見之。喜曰、吾女之貴。乃在此子乎。即許字焉。且撫視甚至。後人以此服之。

相能示人由困而亨

後梁、羅尊師、長安人。深于相術。羅隱在科場、恃才傲物。尤爲公卿所惡。故六舉不第。隱以貌陋。恐爲相術所棄。每與尊師接談。常自大以沮之。及其屢遭黜落。不得已、始往問焉。尊師笑曰。貧道知之久矣。但以吾子決在一第。未可與語。今日之事。貧道敢有所隱乎。且吾子之于一第也。貧道觀之。雖首冠羣英。亦不過簿尉爾。若能罷舉。東歸霸國。以求用。則必富且貴矣。兩途、吾子宜自擇之。隱懵然不知所措者數日。隣居有賣飯媼。見隱驚曰。何辭色之沮喪如此。莫有不決之事否。隱謂知之。因盡以尊師之言告之。媼歎曰。秀才何自迷甚焉。且天下皆知羅隱。何須一第。然後爲得哉。不如急取富貴。則老嫗之願也。隱聞之。釋然。遂歸錢塘。時錢鏐方得兩浙。置之幕府。使典軍中書檄。其後官給事中。年八十餘。終于錢塘。師尊之言悉驗。舊五代史梁書羅隱列傳注引五代史補

相能勉人棄邪從正

太平廣記相類、引蜀檮杌。唐、僧處弘。習禪於武當山。王建、字光圖。其先潁州

郾城。後徙居塡城。隆眉廣額。身高七尺。與晉暉輩以剽竊爲事。被重罪。繫許昌。而獄吏縱之使去。僧處弘。見而勉之曰。子骨相異常。他日位極人臣。何不從戎。別圖功業。而夜遊晝伏。沽賊之號乎。建感之。投忠武軍。後建在蜀。弘攜門徒入蜀。爲構精舍以安之。卽弘覺禪院也。（郾音堰、郾城、今縣名、屬河南省。）

相能使人達觀爲善

摭言。唐、裴晉公度。字中立。河東聞喜人。質狀眇小。有相者曰。郎君形神、不入相書、若不至貴。卽當餓死。今殊未見貴處。一日遊香山寺。有婦人致一緹繒、於僧伽蘭楯。祈視擲筊。瞻拜而去。度見其所致。收取至暮。婦人竟不至。詰旦、復攜來向者婦人疾趨。撫膺曰、阿父無罪被繫。昨告人假得玉帶二犀帶一。以賂要津。不幸遺失。老父之禍。無所逃矣。度因授之。婦人拜泣。請留其一。度不答而去。後見相者曰。必有陰德及物。前途萬里。非某所知也。度果位極人臣。卒年七十六。贈太傅。諡文忠。（楯音盾、欄檻也、縱曰欄、橫曰楯。）

輟耕錄。明、昔眞州一巨商每歲販鬻至杭。時有挾姑布子之術。曰鬼眼者。設肆省前。言皆奇中。故門常如市。商方坐下。忽指之曰、公大富人也。惜乎中秋前後三日內。數不可逃。商懼、卽戒程。時八月之初。舟次揚子江。見江濱一婦仰天大號。商問焉。答曰、妾之夫、作小經紀。止有本錢五十緡。每買鵝鴨過江貨賣。歸則計本於妾。然後持贏息易柴米。餘資盡付酒家。卒以爲常。今遺失所留本錢。非惟飲食之計無所措。亦必被箠死。寗自沉。商聞之歎曰、我今厄於命。設令鑄金可代。我無虞矣。彼乃自夭其生。哀哉。亟贈錢一百緡。婦感謝去。商至家、具以鬼眼之言告父母。且與親戚故舊敍永訣。閉門待盡。父母親故、宛轉寬解終弗自悟。踰期無他故。復之杭。舟阻風。偶泊向時贈錢處。登岸散步。適此婦襁負嬰孩遇諸道。迎拜且告曰、自蒙恩府持拔。數日後乃產。母子二人。沒齒感再生之賜者。豈敢忘哉。商至杭。便過鬼眼所。鬼驚顧曰、公中秋、胡不死。乃詳觀形色而笑曰。公陰德所致。必曾救一老陰少陽之命矣商異其術揭錢若干以報之。

泳化類編明、徐昂泰州人登弘治甲辰進士初無嗣因赴試過京有相士王姓者言多中士大夫皆神其術昂往問嗣王曰、君相不容嗣爲之奈何徐初亦不爲忿及登第出守西安因途納一嬖頗姸徐詰其姓嬖詳告之曰予某地人父名某作某官喪於某年向以歲饑爲賊暴掠售於此徐憫其爲故家女也卽焚券不令爲妾及之任擇郡民行修者出簪服配之秩滿復入京王見之驚曰、君相異矣子星滿容詎非培德所致乎後徐氏庶妾一歲而育五子咸磊落越人

中西相人探原終

小門生 江都包濟民 鎮江李茂如 同校

袁樹珊著命譜

總目編號（一〇五）

命譜自序

四庫全書總目子部譜錄類。所載之譜甚夥。不獨紙墨筆硯有譜。菊竹梅蘭有譜。卽微物如苔如菌。動物如蟹如蛇。亦各有譜。明顧容且著有冠譜。朱術珣且著有巾譜。雖曰鴻通博雅。細大不捐。然以明之劉念臺先生所著人譜例之。究有霄壤之判。蓋人譜一書。示人以超凡入聖之途。君子小人之別。其有裨於世道人心。非等閒也。樹珊不揣淺瞀。謹遵先聖君子居易俟命。小人行險徼幸之旨。曾著命譜八卷。上自東周。下逮清季。採錄百人命造。悉以所生時代分後先。不以名位高下別次序。其間有聖賢仙釋。帝后將相。亦有忠孝節義。書畫卜醫。不獨神奸巨憝。皆探原立論。卽乞兒寒畯。亦並蓄兼收。語有根據。旨在勸懲。敢謂詳究四柱五行。品評富貴貧賤也哉。其體例。一姓名。二略歷。三生卒。四命式。五論斷。六附錄嘉言懿行。及其所著詩文。俾讀者知所法戒。勉爲君子。毋爲小人，此則區區之愚忱也。詎意丁丑冬。猝遭國難。京江敝廬。書籍衣服。固蕩然無存。卽屋宇什物。亦付之㓨灰。近聞此稿。互相展轉。流至滬上。牟利之徒。擬更名印售。樹珊恐有失本眞。特將及門所錄副本。重加訂正。愼選六十四造。印行於世。俾與海內同好。共商摧之。署曰袁氏命譜。蓋本諸劉氏菊譜。史氏菊譜。略加識別。非好異鳴高也。或曰。命之一字。夫子罕言。子何嘵嘵爲哉。曰。罕言者。蓋深慮夫致遠恐泥。非竟不言也。觀於不知命無以爲君子一言。可以知聖人之微意。而况死生有命。富貴在天。子夏嘗聞諸夫子。豈虛言者哉。

命譜目錄

1 至聖孔子	17 張邦昌	33 王肯堂	49 洪亮吉
2 光武皇帝	18 秦檜	34 董其昌	50 黃景仁
3 張天師	19 岳飛	35 洪承疇	51 阮元
4 關聖大帝	20 朱熹	36 盧象昇	52 林則徐
5 諸葛亮	21 眞德秀	37 黃黎洲	53 曾國藩
6 石崇	22 謝枋得	38 崇禎皇帝	54 胡林翼
7 陶宏景	23 文天祥	39 朱柏廬	55 左宗棠
8 呂純陽	24 陸秀夫	40 張玉書	56 彭玉麟
9 都天大帝	25 趙子昂	41 康熙皇帝	57 馬新貽
10 范仲淹	26 劉伯温	42 孝聖皇后	58 李鴻章
11 歐陽修	27 洪武皇帝	43 乾隆皇帝	59 周烈女
12 邵康節	28 商輅	44 沈孝子	60 丁丙
13 王安石	29 王陽明	45 紀曉嵐	61 張之洞
14 佛印禪師	30 嚴嵩	46 畢沅	62 武訓
15 蘇東坡	31 楊椒山	47 汪輝祖	63 康有爲
16 黃庭堅	32 戚繼光	48 羅聘	64 端方

新命理探原

總目編號（一〇一）

力學與命學、有連帶之關係。
欲求發展力學、不可不知命學。
此書編次簡明、人人可讀。
按圖索驥、無師自通。
自已推命、可以利已。
為人推命、可以識人。

論語首章曰，學而時習之，此力學也。終篇曰，不知命無以為君子，此命學也。讀此可以窺見聖人之心理，使人先盡人力，後安天命。既不致迷信人力，而恃強行險。亦不致迷信天命，而消極無為。諸葛公謀事在人，成事在天。曾文正三分人事，七分天命之說，皆本於此。前清四庫全書術數類、古今圖書集成藝術典，所載命學，精微博大，殊屬可觀。今海上書局，均皆影印流傳，學者當有目共賞，惜對於力學，皆忽而不講。鎮江袁樹珊先生、曩著命理探原、早已風行海內、茲復重加改訂、增益新知、闡明物理、既詳列命學之公式，又備言力學之方針。苟能人手一編，稍加之意，固不致盡恃人力為萬能，亦不致誤認天命為無稽。只須力命兩層，雙管齊下，有不共躋君子之域者乎。

平裝一冊　實價五元

發行所　潤德書局
香港[illegible]二十七號
香港英皇道三四四號[illegible]

中國歷代卜人傳

總目編號（一一〇）

袁樹珊編次

本書三十九卷、表一卷、索引一卷、自上古羲農、至民國初先賢、凡三千八百餘人、傳雖名曰卜人、實則舉孝友、廉吏、儒林、文苑、清士、高士、貧士、逸民、與夫鄉賢耆舊、疇人、印人、及列女、方外等於一帙。其所以冠伏羲神農軒轅於卷首者、蓋謂其發宇宙無量祕藏、先文武周孔而聖也。他不具論、觀於伏羲之始畫八卦、定天地之位、分陰陽之數、法乾坤、別男女、正姓氏、制嫁娶、而民始不瀆。神農之因地相時、制畝澮畎、爲耒耜、教播穀、味草木、教醫藥、而農事興、夭札無。軒轅之作衣裳、制文字、作內經、制貨幣、作井田、制兵法、權輕重、定民業、非惟爲後世兵農之祖、實肇萬古文明之化矣。至於人心惟危、道心惟微、惟精惟一、允執厥中、此十大字、乃堯命舜、舜命禹、固爲傳心之要典。湯之禱雨、自責六事、曰政不節歟、民失職歟、宮室崇歟、女謁盛歟、苞苴行歟、讒夫昌歟、尤爲治國之箴言。而況周之丹書有曰、敬勝怠者吉、怠勝敬者滅、義勝欲者從、欲勝義者凶、凡事不強則枉、枉則滅毀、敬者萬世、此數語、乃卜世卜年之大法、彌覺可貴、凡欲齊家治國者、首當知此。若再證以陰陽奇耦之數、進退存亡之理、未嘗不可如子夏所云、雖小道必有可觀、然此惟善讀者、能得之耳。

每部六册　實價二十元

發行所　潤德書局

香港嚤囉街二十七號

香港英皇道三四四號[illegible]

述卜筮星相學 總目編號（一〇八）

袁樹珊著

是編計十餘萬言，釐爲八卷。以周易、太乙、遁甲、六壬、棋卜、字卜、選吉、鬮卜筮，以推命、相人、相宅、相墓、鬮星相，純粹以科學方法說明之，且引經據典，尋流溯源，提要鈎玄，語無泛設。至我國及東西各國卜筮星相學之書目，其世所罕見者，本書均一一備錄，非惟足供留心斯學者之參考，即研究天文、地質、生理、心理、論理、法律、政治、經濟、生物、化學、礦物、歷史、算術、醫學、哲學、等學者，亦所當知之也。

平裝一冊　實價五元

發行所　潤德書局

香港[illegible]街二十七號

養生三要 總目編號（一〇九）

此爲習醫門徑之書。

欲求習醫方法、及却病延年。

多子多孫者、須讀此書。

袁昌齡先生遺著，原有醫門集要八卷，於脉理，藥性，內科，外科，及鍼灸科諸法，莫不綱舉目張，燦然大備。此編乃集要之首卷，書分三篇，曰衞生精義，曰病家須知，曰醫師箴言，皆裒集聖哲良規，名醫粹語，一可治未病，一可治已病，一可治醫病者之病，誠養生三要也。

平裝一冊　實價四元

發行所　潤德書局

香港[illegible]街二十七號

瘰癧特效方論

總目編號（一〇四）

袁福儒新著

此爲專治瘰癧特效之方書。
不動刀針、不用注射、
只須內外兼治、
自可潛消默化、
解毒生肌而愈。

瘰癧一證、多因恚怒氣逆、憂思恐懼、氣血虧損虛火內動而成、或因風熱痰氣、蘊積臟腑、搏於肝經、故隨肌肉虛處、停結成核、大都生於頸腋之間、初如豆粒、後若梅李、皮色不變、累累相連、大小無定、或痛或否、腫結日深、流注愈廣、經久不瘥、死亡堪虞、西醫不名瘰癧、而曰「淋巴腺結核」割治以後、仍然續生、惟用碘鈣劑及制菌注射、亦難必其收功、本書不用刀割、不用注射、惟採千金外臺、聖濟總錄、及金元明清諸大家之名論方劑、抉髓掄精、首論病原證狀、次論診斷治法、略分初中末三期、以示處方大法、旨在潛消默化、解毒生肌、並將 先祖及福儒頻年施治經驗特效之單方祕方、一一公開、其應用方藥、氣味主治、均擇要詮釋、俾檢方治病者、明白底蘊、按證選用、既免不敢嘗試之惑、必收藥到病除之功、有志壽世者、不可不人手一編也、

平裝一册　實價四元

發行所　潤德書局

[redacted]

香港英皇道三四四號後座

大六壬探原

總目編號（一〇六）

此爲卜課門徑之書。
欲求決萬事之疑、
及動靜從違、
成敗利鈍者、
須讀此書。

易云，君子以思患而豫防之。中庸云，凡事豫則立，不豫則廢。玉篇云，豫或作預。由是觀之，豫之時義，大矣哉。今人但知金錢出入，須有豫算。而不知是非成敗，禍福榮辱，尤當有豫算。否則患何以防，事何以立。然欲求防患未然，立事不廢，必須求豫知之法。欲求豫知之法，能不讀卜筮之書乎。顧卜筮之書，種類不一，惟壬課原本義爻，相傳尤古。其推演之法，由占時而月將，是無極生太極也。由月將而幹枝，是太極生兩儀也。由幹枝而四課，則太陽少陽，太陰少陰，四象生焉。由四課而發用，初傳法天，中傳法人，末傳法地，三才位焉。三才既具，五行備焉，神將定焉。神將既定，握其機樞，則天下萬事萬物，孰吉孰凶，孰悔孰吝，胥於此現象得之，豈獨是非成敗，禍福榮辱已哉。

鎮江袁樹珊先生，探討壬學，歷有四十餘年。爰將其平日經驗，及家藏古籍，提要鈎玄，撰述成書，釐爲三篇，曰演法，曰論斷，曰集說，命其名曰大六壬探原，蓋取其窮原探本之意。世之君子，若欲預知防患未然，及立事不廢之法者，不可不人手一編也。

平裝一冊　實價五元

發行所　潤德書局　香港堡壘街二十七號

香港英皇道三四四號

徵詩啓

客有問於余曰、人生榮萎得喪、萬有不齊、果關係命數否、余笑而不言、爰占七律一章答之、是否有當、錄呈 海內同志 粲正、

人生擾擾欲何之。水到渠成自有時。
落魄豈皆由濁世。揚眉未必値昌期。
安危順逆原前定。趨避從違貴預知。
莫道此中兼識祕。羲爻撓甲是吾師。

袁樹珊拜稿

如蒙 賜教乞寄香港堡壘街二十七號袁廬

中華民國三十七年六月六版

中西相人原探（平裝一冊）

實價港幣五元
外埠酌加郵費運費

編著者 鎮江袁樹珊

發行者 潤德書局
上海南京西路同福里十二號
香港英皇道三四四號
香港堡壘街二十七號
電報掛號一二六三

印刷者 潤德書局

占筮類			
1	擲地金聲搜精秘訣	心一堂編	沈氏研易樓藏稀見易占秘鈔本
2	卜易拆字秘傳百日通	心一堂編	
3	易占陽宅六十四卦秘斷	心一堂編	火珠林占陽宅風水秘鈔本
星命類			
4	斗數宣微	【民國】王裁珊	民初最重要斗數著述之一；未刪改本
5	斗數觀測錄	【民國】王裁珊	失傳民初斗數重要著作
6	《地星會源》《斗數綱要》合刊	心一堂編	失傳的第三種飛星斗數
7	《斗數秘鈔》《紫微斗數之捷徑》合刊	心一堂編	珍稀「紫微斗數」舊鈔秘本
8	斗數演例	心一堂編	
9	紫微斗數全書（清初刻原本）	題【宋】陳希夷	斗數全書本來面目；有別於錯誤極多的坊本
10－12	鐵板神數（清刻足本）——附秘鈔密碼表	題【宋】邵雍	無錯漏原版　秘鈔密碼表　首次公開！
13－15	蠢子數纏度	題【宋】邵雍	蠢子數連密碼表　打破數百年秘傳　首次公開！
16－19	皇極數	題【宋】邵雍	清鈔孤本附起例及完整密碼表　研究神數必讀！
20－21	邵夫子先天神數	題【宋】邵雍	附手鈔密碼表　研究神數必讀！
22	八刻分經定數（密碼表）	題【宋】邵雍	皇極數另一版本；附手鈔密碼表
23	新命理探原	【民國】袁樹珊	子平命理必讀教科書！
24－25	袁氏命譜	【民國】袁樹珊	
26	韋氏命學講義	【民國】韋千里	民初二大命理家南袁北韋
27	千里命稿	【民國】韋千里	北韋之命理經典
28	精選命理約言	【民國】韋千里	
29	滴天髓闡微——附李雨田命理初學捷徑	【民國】袁樹珊、李雨田	命理經典未刪改足本
30	段氏白話命學綱要	【民國】段方	民初命理經典最淺白易懂
31	命理用神精華	【民國】王心田	學命理者之寶鏡

32	命學探驪集	【民國】張巢雲	發前人所未發 稀見民初子平命理著作
33	澹園命談	【民國】高澹園	
34	算命一讀通——鴻福齊天	【民國】不空居士、覺先居士合纂	
35	子平玄理	【民國】施惕君	
36	星命風水秘傳百日通	心一堂編	
37	命理大四字金前定	題【晉】鬼谷子王詡	源自元代算命術
38	命理斷語義理源深	心一堂編	稀見清代批命斷語及活套
39–40	文武星案	【明】陸位	失傳四百年《張果星宗》姊妹篇 千多星盤命例　研究命學必備
相術類			
41	新相人學講義	【民國】楊叔和	失傳民初白話文相術書
42	手相學淺說	【民國】黃龍	民初中西結合手相學經典
43	大清相法	心一堂編	重現失傳經典相書
44	相法易知	心一堂編	
45	相法秘傳百日通	心一堂編	
堪輿類			
46	靈城精義箋	【清】沈竹礽	沈氏玄空遺珍 玄空風水必讀
47	地理辨正抉要	【清】沈竹礽	
48	《玄空古義四種通釋》《地理疑義答問》合刊	沈瓞民	
49	《沈氏玄空吹虀室雜存》《玄空捷訣》合刊	【民國】申聽禪	
50	漢鏡齋堪輿小識	【民國】查國珍、沈瓞民	
51	堪輿一覽	【清】孫竹田	失傳已久的無常派玄空經典
52	章仲山挨星秘訣（修定版）	【清】章仲山	章仲山無常派玄空珍秘 門內秘本首次公開 沈竹礽等大師尋覓一生 末得之珍本！
53	臨穴指南	【清】章仲山	
54	章仲山宅案附無常派玄空秘要	心一堂編	
55	地理辨正補	【清】朱小鶴	玄空六派蘇州派代表作
56	陽宅覺元氏新書	【清】元祝垚	簡易・有效・神驗之玄空陽宅法
57	地學鐵骨秘　附　吳師青藏命理大易數	【民國】吳師青	釋玄空廣東派地學之秘
58–61	四秘全書十二種（清刻原本）	【清】尹一勺	玄空湘楚派經典本來面目 有別於錯誤極多的坊本

62	地理辨正補註　附　元空秘旨　天元五歌　玄空精髓　心法秘訣等數種合刊	【民國】胡仲言	貫通易理、巒頭、三元、三合、天星、中醫
63	地理辨正自解	【清】李思白	公開玄空家「分率尺、工部尺、量天尺」之秘
64	許氏地理辨正釋義	【民國】許錦灝	民國易學名家黃元炳力薦
65	地理辨正天玉經內傳要訣圖解	【清】程懷榮	秘訣一語道破，圖文并茂
66	謝氏地理書	【民國】謝復	玄空體用兼備、深入淺出
67	論山水元運易理斷驗、三元氣運說附紫白訣等五種合刊	【宋】吳景鸞等	失傳古本《玄空秘旨》《紫白訣》
68	星卦奧義圖訣	【清】施安仁	
69	三元地學秘傳	【清】何文源	
70	三元玄空挨星四十八局圖說	心一堂編	三元玄空門內秘笈　清鈔孤本
71	三元挨星秘訣仙傳	心一堂編	過去均為必須守秘不能公開秘密
72	三元地理正傳	心一堂編	
73	三元天心正運	心一堂編	與今天流行飛星法不同
74	元空紫白陽宅秘旨	心一堂編	
75	玄空挨星秘圖　附　堪輿指迷	心一堂編	
76	姚氏地理辨正圖說　附　地理九星并挨星真訣全圖　秘傳河圖精義等數種合刊	【清】姚文田等	
77	元空法鑑批點本——附　法鑑口授訣要、秘傳玄空三鑑奧義匯鈔　合刊	【清】曾懷玉等	蓮池心法　玄空六法門內秘鈔本首次公開
78	元空法鑑心法	【清】曾懷玉等	
79	曾懷玉增批蔣徒傳天玉經補註【新修訂版原（彩）色本】	【清】項木林、曾懷玉	
80	地理學新義	【民國】俞仁宇撰	
81	地理辨正揭隱（足本）　附連城派秘鈔口訣	【民國】王邈達	
82	趙連城傳地理秘訣附雪庵和尚字字金	【明】趙連城	揭開連城派風水之秘
83	趙連城秘傳楊公地理真訣	【明】趙連城	
84	地理法門全書	仗溪子、芝罘子	巒頭風水，內容簡核、深入淺出
85	地理方外別傳	【清】熙齋上人	巒頭形勢、「望氣」「鑑神」
86	地理輯要	【清】余鵬	集地理經典之精要
87	地理秘珍	【清】錫九氏	巒頭、三合天星，圖文並茂
88	《羅經舉要》附《附三合天機秘訣》	【清】賈長吉	清鈔孤本羅經、三合訣法圖解
89–90	嚴陵張九儀增釋地理琢玉斧巒	【清】張九儀	清初三合風水名家張九儀經典清刻原本！

91	地學形勢摘要	心一堂編	形家秘鈔珍本
92	《平洋地理入門》《巒頭圖解》合刊	【清】盧崇台	平洋水法、形家秘本
93	《鑒水極玄經》《秘授水法》合刊	【唐】司馬頭陀、【清】鮑湘襟	千古之秘，不可妄傳匪人
94	平洋地理闡秘	心一堂編	雲間三元平洋形法秘鈔珍本
95	地經圖說	【清】余九皋	形勢理氣、精繪圖文
96	司馬頭陀地鉗	【唐】司馬頭陀	流傳極稀《地鉗》
97	欽天監地理醒世切要辨論	【清】欽天監	公開清代皇室御用風水真本
三式類			
98－99	大六壬尋源二種	【清】張純照	六壬入門、占課指南
100	六壬教科六壬鑰	【民國】蔣問天	由淺入深，首尾悉備
101	壬課總訣	心一堂編	
102	六壬秘斷	心一堂編	過去術家不外傳的珍稀六壬術秘鈔本
103	大六壬類闡	心一堂編	
104	六壬秘笈——韋千里占卜講義	【民國】韋千里	六壬入門必備
105	壬學述古	【民國】曹仁麟	依法占之，「無不神驗」
106	奇門揭要	心一堂編	集「法奇門」、「術奇門」精要
107	奇門行軍要略	【清】劉文瀾	條理清晰、簡明易用
108	奇門大宗直旨	劉毗	天下孤本　首次公開 虛白盧藏本《秘藏遁甲天機》
109	奇門三奇干支神應	馮繼明	
110	奇門仙機	題【漢】張子房	奇門不傳之秘　應驗如神
111	奇門心法秘纂	題【漢】韓信（淮陰侯）	
112	奇門廬中闡秘	題【三國】諸葛武侯註	
選擇類			
113－114	儀度六壬選日要訣	【清】張九儀	清初三合風水名家張九儀擇日秘傳
115	天元選擇辨正	【清】一園主人	釋蔣大鴻天元選擇法
其他類			
116	述卜筮星相學	【民國】袁樹珊	民初二大命理家南袁北韋
117－120	中國歷代卜人傳	【民國】袁樹珊	南袁之術數經典